JN288762

一九三〇年代の街路風物

彩色 中国看板図譜

宮尾しげを 著
宮尾慈良 宮尾與男 編注

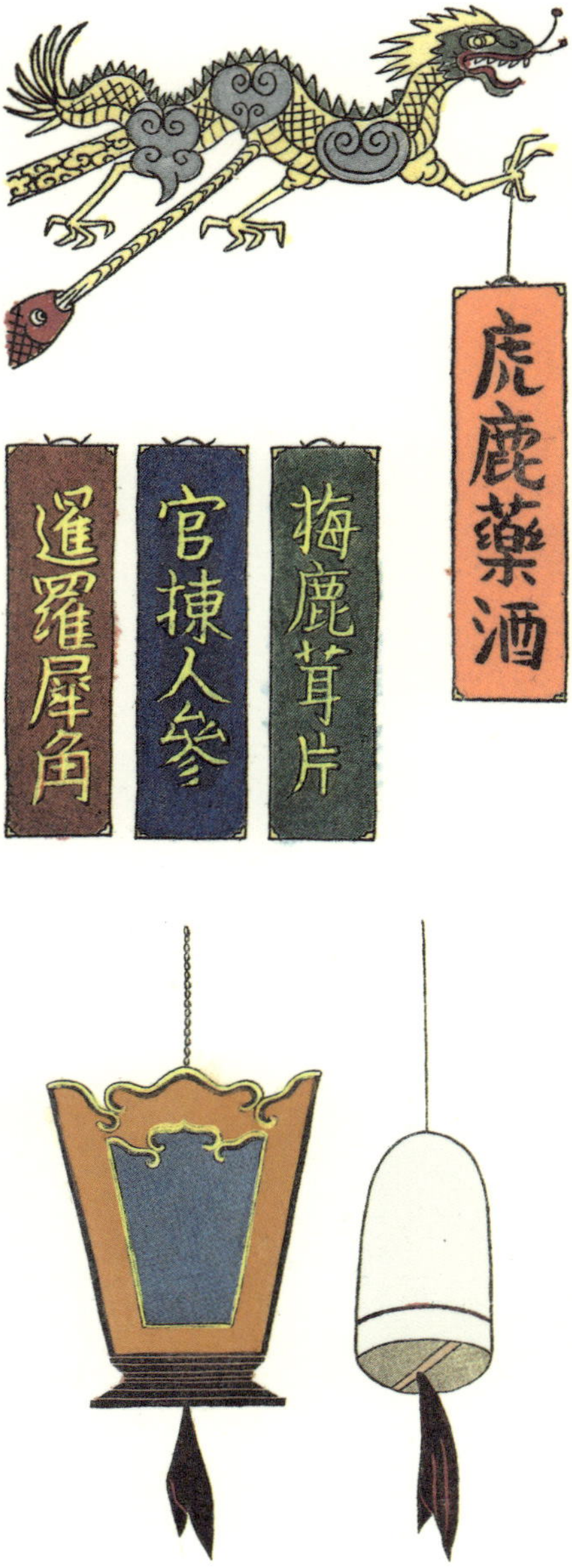

目次

看板図絵

物売り図絵

はじめに――望子・物売りについて

一

中国の看板は、かならず紅布《べにぬの》を結び付けてあるのが特徴である。その付け方や大きさは一定していないが、たいていは看板の下に方形の紅布の一端を結びつけてぶら下げ、広げると菱形になる。なかには細長い三角形のものもある。普通は一条であるが、たまには二条、三条もある。異なったものに、看板の上部に∩字型につけたのがある。これは新たに店を開いたときに飾ったのをそのままつけたもので、この場合は下の方に菱形布をつけたものとつけないものとの二通りがある。

昔から中国では紅布はおめでたい意味として用いられ、紅綵子《ホンツァイズ》といっていた。事の大小に関係なく、喜び事、正月の祝い、その他の祝賀にはかならず例外なく紅布が用いられる。また紅布には魔除け、火防《ひぶ》せ、豊穣の意があるといわれている。こうした民間伝説の一つに、次のような話がある。

昔々その昔、北京の海岱門の花市大街に大火があって、商家が一百四戸、千百余棟を焼いて、数千万元という大損害をこうむった。そのなかに首飾屋の天吉泰と洋品店の徳祥永の二商家だけが不思議に焼け残って話題になった。その大火のあった前の日、一人の老人がある呉服屋に来て、紅布を一尺買って行った。この紅布を買った老人というのは、火神仙爺といわれる火の神さまであった。その翌日の夜一時ごろ、西方から火が出て、夜明けまでに全部の店を焼き払ったとおもわれるなかで、わずかに焼け残ったのは二軒であった。その店には、旗棹の上に紅布をつけていたので、難を逃れることができた。

この話から紅布は火防せに効果があるといい伝えられてきた。日本でも江戸時代、火事の火除けに女の赤い都腰巻を振ったという。これも中国の紅布における信仰からきたのだろう。赤い都腰巻をして、大正の大震災で水へ飛び込み、毛糸が水を吸収して、その重みで逃げられず、焼死した婦人がたくさんいた。水につけずに振れば、案外一命は助かったのかもしれない。街中を歩いていると、各店に看板が掲げられている。その看板の下には、かならず紅布が取り付けられているのは、祝意だけをあらわすのではなく、むしろ紅布に関する伝説が伝承されていたためではないかとおもわれる。

二

看板は「望子《ワンズ》」、「幌子《ホアンズ》」、「招牌《ジャオパイ》」といい、商標を「牌子《パイズ》」といっている。幌子は望子の転訛語といわれ、実物あるいは象徴物をかかげた看板である。招牌は看板によって客が店を知り、客を招く表象としてある。牌子は札、掛札、立て札などの商標を表わす看板である。古くからある看板のことを老牌という。

北京で見た看板をいくつかに分けてみると、およそ次の六種類がある。

(1) 実物の看板
(2) 絵を描いた看板
(3) 文字の看板
(4) 暗示的な品物で表現した看板
(5) 呪いと縁起物をつけた看板
(6) 宗教的な看板

簡単に説明すると、「実物の看板」は、実物を店先に掛けて、文字の読めない人にもすぐわかるということで、日本の足袋屋が看板に足袋の形を表わしたのと同じである。「絵を描いた看板」は、いわゆる絵看板である。「文字の看板」は絵を文字に代えただけである。「暗示的な品物で表現した看板」は、日本ならば、酒屋の看板に杉の葉を毬形に束ねて下げた酒林《さかばやし》や、焼芋屋の看板に十三里と書いて、「九里四里（栗より）うまい」といっているなどと同じであろう。しかし中国も日本もこの点は少し解しかねるものがある。

「呪いと縁起物をつけた看板」は、それを表象したものを付したもので、利殖繁栄をシンボライズしたものを付けるとか、瓢箪の形の看板をつけ、瓢箪の口から甘露の流れを表わして、瓢箪から駒という縁起を表わしたものなどがある。本当に、意外なところから、意外なものが現われるから不思議である。「宗教的な看板」とは、回回（イスラーム）教徒のみに品物を売る店の看板であり、中国や満洲でも、これははっきりと示されている。

こうした看板は、子供から大人まで誰でも一目見てすぐにわかる。昔は、中国は漢字文化圏といいながら、識字率はあまり高くない。言葉は喋るが、文字を読むことができる人は多くなかったこともある。いまは教育のおかげで、識字率もかなり高くなったために、この本で描いた看板はしだいに文字看板になってきている。上海や香港などにいけば、アルファベットの文字が看板に書かれている。

しかし、看板は遠くからでもすぐに見つけることができ、買物をする子供たちにとっては、社会性を身につけるにはいい教材でもある。また、言葉の通じない外国人にとっても、看板は便利である。看板を通して中国の文化や民俗性に触れることができるのではないかとおもい、街のなかを歩きまわり、スケッチしたものが本書となった。

三

北京に到着すると、新聞社を通して依頼していた通訳の杜黙靖が待っていた。杜さんは日本の大学に留学した優秀な民俗学者で、すでにこちらの目的を伝えてあるところから、なるべくめずらしい看板に案内してくれる。一緒に街にでて看板を見つけて描き終わると、その看板について私の質問に対し、丁寧に説明してくれる。看板などを描いているのをみて、多くの中国人が私を囲むことがあった。

ときには、お店に入って麺や饂飩《うどん》を食べ、いろいろな餅を食べ歩く。また、靴屋では、実際に足に合わせた靴をつくってもらい、その製作工程をメモしたりして、じつに楽しい旅であった。疲れれば、風呂屋に行き、風呂についてあれこれと伺う。夜になれば、寄席や芝居を見にでかけ、漢民族の人があまり食べないイスラーム教徒のレストランで羊の肉を食べる。羊肉の餃子《ぎょうざ》は鍋貼《ゴゥティエ》といって上手かった。北京の一般の家で食べるのは、焼餃子というより水餃子である。日本でいう餃子は、山東地方のなまりであるということを、杜さんから伺った。杜さんとの出会いは、まったく孔子さまが『論語』でいうように、「朋有り遠方より来たる、また楽しからずや」である。

本書の前半は、北京の街中でみた、さまざまなお店の看板である。数として二百ほど描いたが、めずらしい看板を載せることにした。後半は、看板を探しに出かけたときに、街角で商いをする人々がいろいろな楽器を叩いたり、鳴らしながら往来している姿が目についた。これらは耳から入ってくる物売りである。耳に入ってくる音の鳴らしかたによって、どのようなものを売りに来ているかがわかる。

わが国も同じようなものが、江戸時代にはたくさん記録されている。古くは『人倫訓蒙図彙』(元禄三年)にみられる。長谷川光信の描く『絵本御伽品鏡』(享保十五年)には、大阪市中と付近の名物や風俗がみられ、続編の『絵本家賀御伽』(寛延五年)もつくられている。

江戸のものは、山東京伝の描く『四時交加』(寛政十年)、北尾政美の描く『今様職人盡歌合』(文政八年)などが知られている。そのほかにも文字による記録として『両国しぼり』(明和八年)、『浮世くらべ』(安永三年)、『飛鳥川』(文化七年)、『続飛鳥川』(不詳)、『守貞謾稿』(嘉永六年)などがある。また文章と挿絵の『盲文書話』(文政十年)、『只今御笑草』(文政年間)もある。

いまも街頭の物売りといえば、納豆売り、しじみ売り、あさり売り、竹屋、風鈴売りなど、わずかであるが、落語のなかですす払いの声、竹売りの声、鍋焼きうどんの声などを、落語家が披露しているのを聞いた方もおられよう。四季の売り物から食べ物、子供遊びのもの、日常雑貨、薬類の売り物まで、声を出す商い人のなかには、かならず客寄せのために、芸を演じたり、武芸の腕をみせたり、流れるような口上を述べたりする。そのあとに商品を売ることが多い。そうしたものは街の芸といえる。

たくさんある江戸時代の物売りは、いかにも江戸風情をあらわしたものだが、時代が下っていくと、しだいに私たちの記憶から消えていくのも宿命である。そのような経緯を知っているだけに、いずれは中国の物売りやその声、そのときに使う楽器などは、同じように消えていってしまうのであろう。

なお、お店の名前は中国語で記し、なるべく現地での発音をルビとして添えておくことにした。ルビの表記に聞き間違いがあるかもしれない。奇特な方がいらっしゃるならば、是非とも訂正をお教え願いたいと考えている。

昭和十四年七月

宮尾しげを

凡例

一、本書は宮尾しげを記念會所蔵の宮尾しげを著『支那看板と物賣』（私家版）全一巻の手彩色図版と解説本文をまとめたものである。

一、原則として原著の構成のままに掲載しているが、新たに目次と索引を作成し、「序文」は解説に収め、「中国看板について」は「はじめに―望子・物売りについて」に収めるなど、そのほかにも編集の都合上、改編した部分がある。

一、本文については宮尾しげをによる大幅な本文改稿の手控え本「支那看板と物賣」にもとづいた。

一、本文のルビのある中国語は、当時の中国語を記す著者の意向に従い、そのまま残した。

一、本文における看板の大きさを表す尺・寸はそのままとした。

一尺（0.303m）＝十寸（30.3cm）　一寸＝3.03cm

一、本文の語注は、宮尾慈良・宮尾與男が新たに付した。

一、原著には今日の人権意識に照らして適当でない表現も一部に見られるが、本書刊行の時代背景を鑑みて、そのままとした。

看板図絵

料理屋【飯《ファン》荘《ジョアン》子《ズ》】

中国の料理屋は格によって名前が違う。飯荘子《ファンジョアンズ》が一流どころで、飯館子《ファングアンズ》が普通の料理屋である。左図がその二つにあたる店の看板であるが、ほとんどいまは級なしに料理屋の看板になってしまっている。店によって少しずつの変化はあったにしても、北京、天津あたりの一流どころは、あまり吊るさないのが常法となっている。北京では、東城の東興樓、西城の同和居、南城の廣和屋、泰豊樓、致美斎などが、古い料理屋として知られている。

包辨酒席《バオバンジィウシィ》、應時小賣《インシシアオマイ》などと書いている看板を出した店がある。包辨酒席とは「宴会料理引きうけます」、應時小賣とは「一皿でもご注文に応じます」の意味である。

右図のように上の方だけ板で、それへ布をつけてあるのは、一膳飯屋と普通料理屋の中間の安料理屋の看板である。長さ三尺、幅一尺ぐらいの布である。この看板の布が風ではためいて音を立てているのを見て、のどを鳴らしている中国人を見た。この布はよほど魅力があるものとみえる。包子舗《バオズプゥ》という看板を出した料理屋もある。これは肉餡《あん》を入れた饅頭《マントウ》を売っている店である。

饅頭　小麦粉でつくった饅頭で、北方人の常食。饅首ともいう。具を入れると肉饅頭、餡饅頭などとなる。　**一膳飯屋**　お椀によそった一膳の飯を食べさせる店。

薬屋【薬《ヤオ》舗《プゥ》】

数珠《じゅず》屋の看板と早合点してはいけない。これは丸薬《がんやく》を並べて見せたところである。丸薬だから薬屋というわけである。面白いことに、中国では日本のように七、五、三、一という奇数は喜ばれず、かならず二、四、六、八といった偶数を喜ぶ習慣になっている。「この丸薬は、五つずつしかないので、奇数ではないか」といったら、「中央にある大きいのが、上下に一個ずつ通用するので六つだ」といわれた。なるほど、数え方もいろいろあるものである。

左図の菱形の中に黒地（赤地もある）に丸形、上下の三角形は膏薬《ガオヤオ》を示している。一尺角ぐらいの板製で、三角形は膏薬のついた紙を半分にしたところである。中の二つは広げた形である。

この看板と同じものが、日本の愛知県小牧市にある田縣《たがた》神社で行われる豊年祭のとき、豊穣を祈るために生産力の御符《ごふ》として用いられている。さらに、インドに行ったときも、これに似たものが駆邪招福として懸けられているところから、これは単なる膏薬を表象するだけではなく、もっと深い意味がありそうである。看板の下の雙魚《そうぎょ》は縁起物で、店によっては紅布《べにぬの》をつけているところがある。

膏薬　動物の脂で練り合わせたもの。傷、できものなどの外用薬。**田縣神社の豊年祭**　三月十五日に行われる。十数本の神符・御符をつけた大榊の葉を祭ると豊作、幸福になるという。**御符**　神符ともいう。神仏が加護して厄難から逃れさせるという紙札。肌身につけたり、飲み込んだり、家のなかに貼る守り札。ごふう。ごふ。**雙魚**　一対の魚。魚(ユ)と裕(ユ)が同音であることから裕福の意味がある。

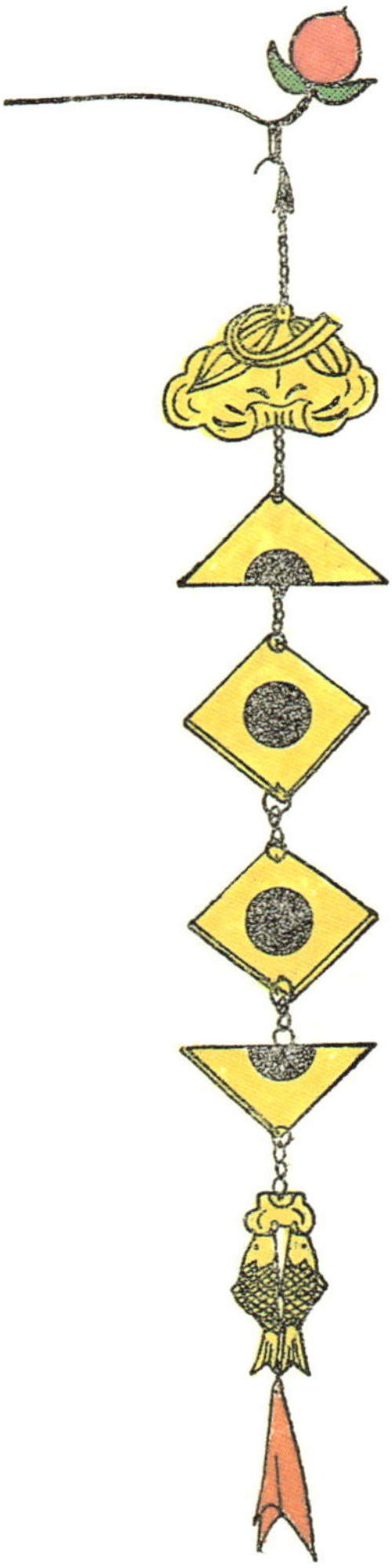

烟草屋【菸《イエン》舗《プウ》】

菸の字は、烟草《たばこ》のことである。この烟草は葉の方で、両切《りょうぎ》りや刻《きざ》みではない。したがって、これは烟草葉を売る店の看板の一つである。だが、烟の字を用いると阿片《アヘン》といわれるので、タバコの音訳から淡《ダン》巴《バ》菰《グゥ》という漢語をあてることもある。中国人の烟草好きは特別で、小さい七つ八つの子供でも、平気にスパスパやっているので吃驚《びっくり》してしまう。花子《ファズ》（乞食）でさえ、金をくれないと見ると、烟草を喫う真似をして、大人進上《たいじんしんじょう》とくるから呆れてしまう。

両切り　両切りたばこの略。両端を切り落としたたばこ。　**刻み**　干した煙草の葉を糸のように細かく刻む。　**スパスパ**　たばこを続けざまに吸う様子をいう。　**大人進上**　「旦那、くれ」の意。

嗅ぎ烟草屋【鼻《ビ》菸《イエン》舗《プウ》】

吸う烟草には水烟草《シュイイエンツアオ》と嗅ぎ烟草という変わり種がある。嗅ぎ烟草は小さな壜に入れてあって、クンクンと鼻をピクつかせると、いい匂いがする。この匂いを嗅ぐだけでも烟草を吸ったのと同じ効果があるという。あいにく烟草に縁がないので、看板だけで中身を調べてこなかったのは、いまになってうかつだった。嗅ぎ烟草の壜というものは小さいながら、中に絵画や七言絶句が描かれていて、その画が面白い。空き壜は古道具屋で売っている。

水烟草　水煙管で吸う煙草。水煙管とは水烟袋といって、真鍮製で、吸烟管と刻みのたばこを詰めて、燃やすところの間に小さな水タンクがあって、煙がこの水の中をくぐって吸う構造になっている。

於

質屋【當《ダン》舗《プウ》】

日本と違って、質屋は人目につく大通りにある。看板は大小あるが、長さ二尺、幅一尺五寸ぐらいのが多い。板製で四隅に真鍮《しんちゅう》金具がついている。當とは、いわずと知れた抵當の當である。店内は七、八尺の高さまでが板囲いになっている。客はわずかに手首だけ出したところで、物の受渡しがされる。これは盗賊よけのためだという。

両替屋と同じように、昼間しか営業をしないので、日没を境に店を閉じることにしている。図に見える、軍器不當《ジュンチィブゥダン》というのは、軍器は受けつけないという意味である。いままでの兵隊さんは、鉄砲や刀剣などの兵器を平気で質に入れる癖があったので、このようなことが堂々と書かれているのであろう。また、燈下不付《ドンシアブゥフゥ》とあるのは、場末や田舎でよく見うけられる。燈りがついた後は、客を受け入れないということである。

質屋の隣に、しばしば阿片屋がある。これは日本の湯屋と理髪店が隣り合っている関係と似ている。日本の笑話に、友だちが寄り合い、「ただいまのご商売は」と尋ねると、「ハイ、質屋と酒屋をいたしております。して、あなたは」と問い返すと、「私はそれに似ていることをしております」「似ているとは」「ハイ、質を入れては酒を呑んでいます」とある。

阿片屋　阿片は未熟な罌粟（けし）の実の乳液を乾かしてつくる茶色の粉。モルヒネを主成分とする麻薬。この阿片を売る店。

滙源
當
當
軍器不當

入れ歯屋【假《ジア》牙《ヤ》匠《ジアン》】
入れ眼屋【假《ジア》眼《イエン》匠《ジアン》】

歯医者、眼医者とはいえないが、する仕事は同じである。日本でいえば、入れ歯屋と入れ眼屋であろう。一尺五寸平方角の板に、グロテスクな表現で商売を表わしている。これは日本であると、モグリに近い商売である。

江戸時代にみえる、目薬を売る看板には眉と目を描き、その下に「御くすり」と書いたのがあった。眉と目の下、ちょうど鼻のところに「御くすり」とあるので、鼻の薬だろうとおもって、目薬を鼻へつけた。そうしたら効果があらわれたという笑話が残っている。

地方に行くと、真鍮製の歯を金歯と称して、悪くもない歯にかぶせた見栄坊相手の入れ歯屋があった。もちろん真鍮製だから値段も安い。東京の浅草公園六区《ろっく》の池之端にも、こうした金歯を入れる店があった。上図は目と歯を入れるが、下図は歯だけを入れる看板である。

モグリ　免許を受けないこと、またその人。　**御くすり**　笑話本『仕形咄』（安永三年）の「くすり」に絵看板がみられる。笑話の原典は不明であるが、類話に『聞上手二編』（安永二年）の「鼻の薬」、『近目貫』（安永二年）の「御通り」などがある。　**見栄坊**　うわべを気にして飾る人。見栄っ張り。　**浅草公園六区**　浅草公園を一区から六区にわけた。六区は娯楽街。　**池之端**　池は浅草公園四区にあった瓢箪池のこと。

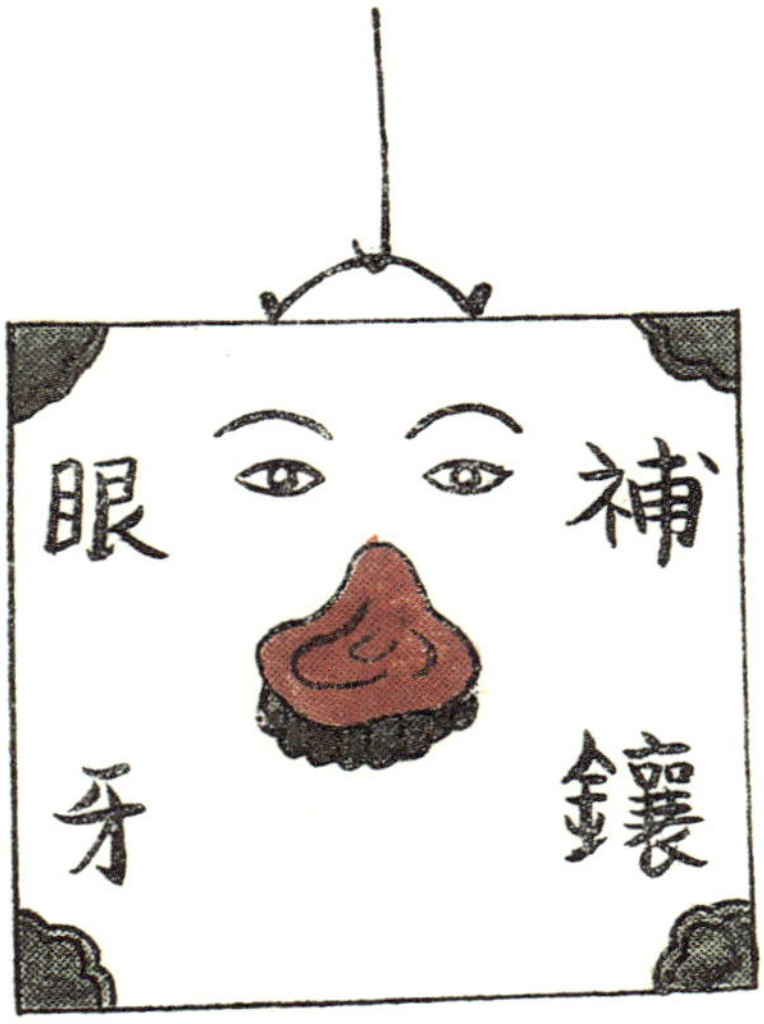
補鑲眼牙

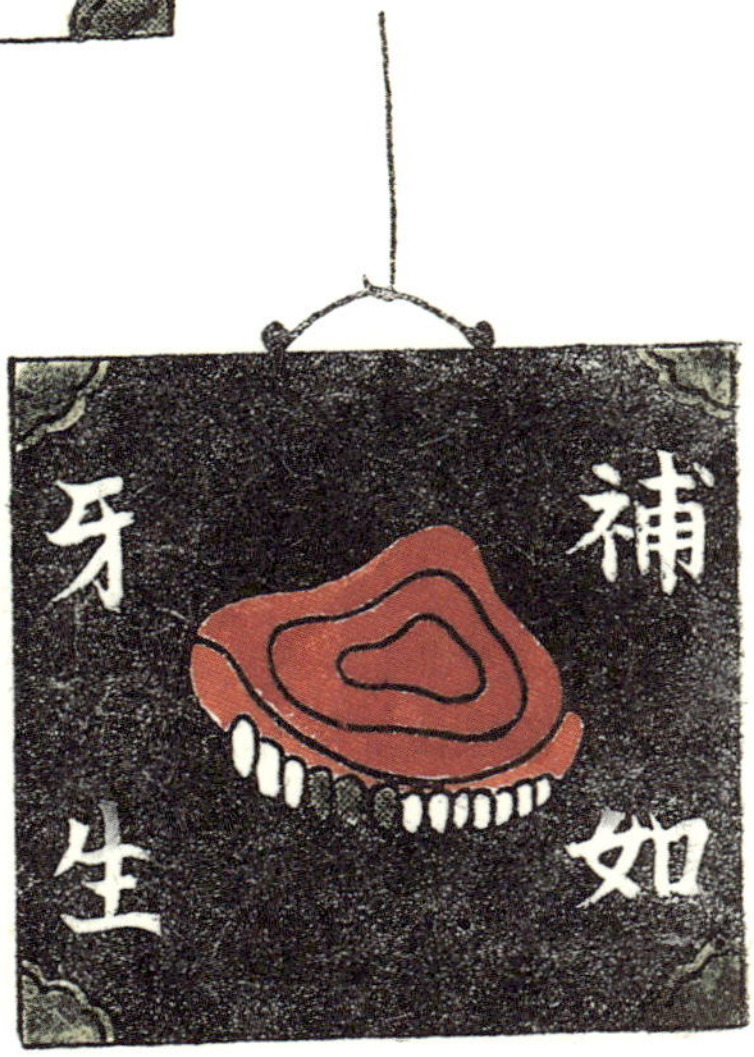
補如牙生

切麺屋【麪《ミエン》店《ディエン》】

板きれに細長く、黄色い紙（赤い紙もある）の色紙を縦に切って、ぶら下げる。日本でいうと、「玉うどんあり」とでもいうところである。

この形は麺類を表現したもので、日本でも寛文年間（一六六一～七二）に、これと同型のうどんやそばきりの看板があったと、『用捨箱』下巻にある。また「饂飩屋にて看板に額あるひは櫛形したる板へ細くきりたる紙をつけたるを出《いだ》ししが今江戸には絶たり」とも記している。

図の手前の看板には、長さ一尺二、三寸の板に赤紙が下がっている。この店は荒物屋を兼ねていると見えて、麺看板のあいだに麻糸、縄の実物が下がっていた。一番奥の看板も麺である。看板の文字に、刀絲麪《ダオスミエン》とあるのは、糸のように細く刀で切った麺のことである。糸は糸でも七、八分の平紐のような糸になっている。うどんというものは、汁で食べるものだとおもったら、あちらでは味噌をつけて食べるのがある。初めてのときは馴れないので、咽喉に引っかかって困ったことがあった。

饂飩でも、茹《ゆ》でたうどんにいろいろな具が入っているのは拌麵《バンミエン》、たんなるかけうどんは湯麵《タンメン》、焼うどんは炒麵《チャオメン》などという。

用捨箱　柳亭種彦著。随筆本。天保十二年。三巻三冊。下巻、十五「饂飩の看板」。天和二年の『好色一代男』の「うむどん」、元禄三年の『人倫訓蒙図彙』の「そはうとんきり」、元禄十一年の『道戯興』の「うとんそば切切むぎ」などの看板をあげる。

同聚福
刀絲麪

宿　屋【客《コォ》店《ディエン》】

宿屋といっても、日本と同じように上下がある。飯店《ファンディエン》とあるのは、いまでいうホテルである。大きいホテルは大飯店である。普通の宿屋のことを客桟《コォジャン》とか客店《コォディエン》という。

一尺ぐらいの円形の枠に、紅布を四分の一まで回してあるのは、桟《ジャン》は桟でも安桟である。この桟というのは、旅館という意味であるが、昔は倉庫業や運搬業をしているところで、労働者たちを泊まらせる宿屋を持っていた。これを桟という。日本でいうならば木賃宿《きちんやど》とおもえばいい。出稼ぎ人や苦力《クゥリ》が多く泊まっている。宿といっても食事の用意はないので、本当に素泊《すどま》りだけである。

木賃宿　泊り客が自炊して、燃料代だけを払う宿。安宿。　**苦力**　力仕事をする労働者。

刀鍛冶【腰《ヤオ》刀《ダオ》舗《プウ》】

街の中には少ない商売であり、場末に多く存在している。大小各様、色とりどりの腰刀が下がっている。店では刀の鞘《さや》もつくり、変わった形の槍や青龍刀《せいりゅうとう》もつくっている。いまは、こうした腰に下げる刀などは実用品でないが、好事家《こうずか》が買っていくという。腰刀は芝居の小道具として残っているが、これは本物の刀ではない。日本でいう竹光《たけみつ》である。しかし、腰刀をみても、どこか中国らしい香りのする商売である。

青龍刀　長刀のような形をした刀。刀の幅が湾曲し、柄に青龍の飾りがある。　**竹光**　竹を削って、刀身のかわりにしたもの。

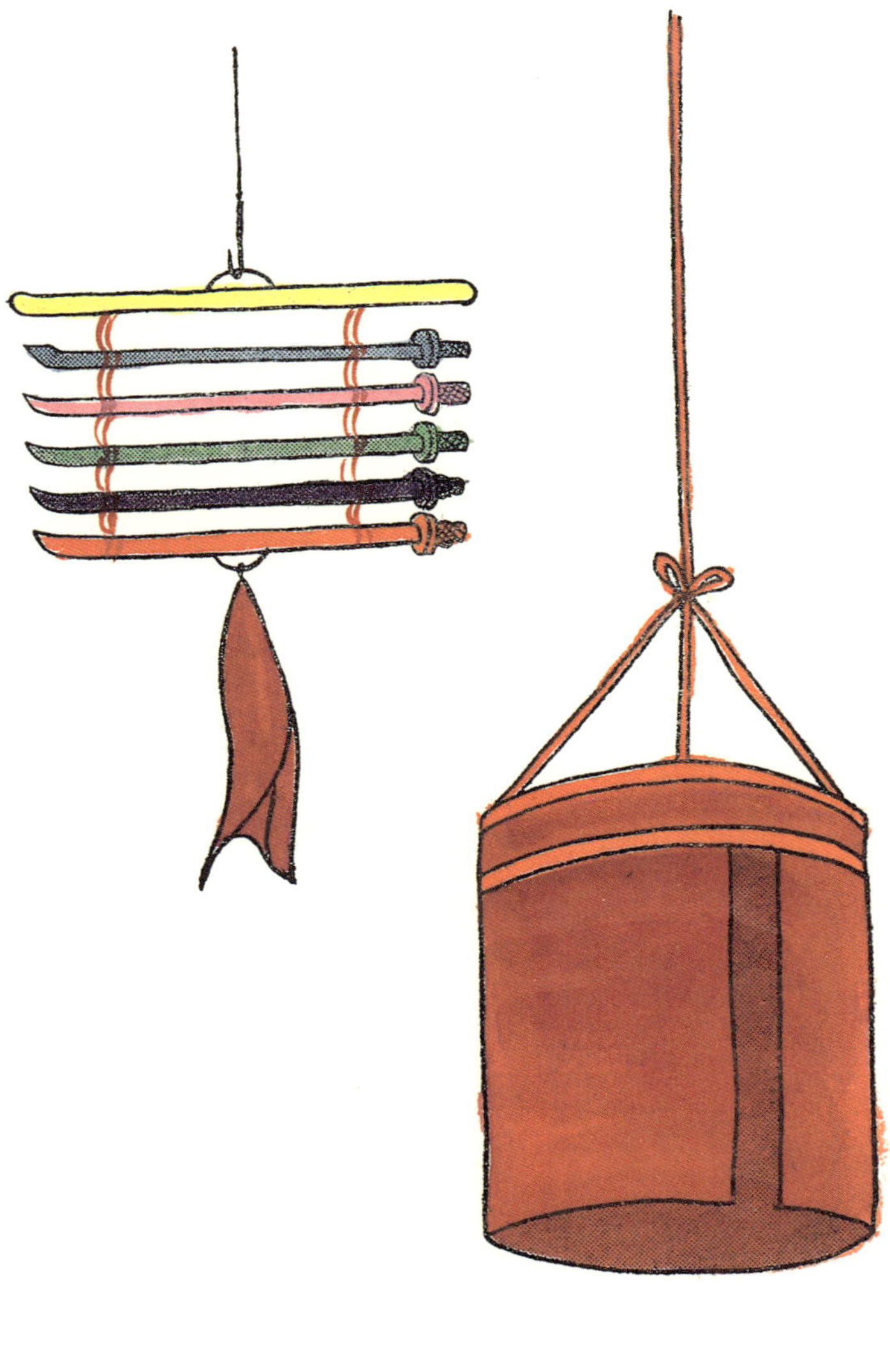

菓子屋【點《ディエン》心《シン》舗《プウ》】

蒸菓子屋【蒸《ジョン》鍋《グオ》舗《プウ》】

これは蒸菓子《むしがし》屋の看板で、ふかしたての饅頭《マントウ》などを売っている。この饅頭には中身は何も入ってないが、食事に食べる具が入ったものとは違う。看板の中央の丸は、饅頭の形を表わしたものである。白塗り板に上下に桃をつけたところは、効果的に見て成功である。桃模様は寿《ことぶき》を表現するもので、中国の看板の飾りにはよく見かける。話は違うが、中国宮殿の扉にある飾り模様に、福寿の模様散しがみられる。これは臣民も望む福禄寿だが、王は禄を必要としないので、禄を抜いた福寿であるという。

點心　間食のことをいい、辛い、甘いをとわず、正式の食事以外である一切の食べ物。點心舗はちょっとした食べ物を売っている店である。**桃**　邪を除ける霊力をもった陽木(ようき)。桃符は古い風習として、正月に二枚の桃の木板を門の両側にかけ、それに門神の像を画いて魔除けにした。**福禄寿**　七福神の一つ。背が低く、頭が長く、髭をはやしている。中国では南極星の化身で福禄神、福禄人ともいう。

干菓子屋【糕《ガオ》乾《ガン》舗《プウ》】

蒸して乾かした米の粉に砂糖、水飴などを入れて、いろいろな型に嵌《は》めて乾かした菓子を売っている。糕とは米の粉あるいは小麦粉を蒸してつくった菓子のことで、餅菓子である。日本でいうと落雁《らくがん》となる。いずれも、その菓子の型は木でつくってあって、色塗りがしてある。蒸菓子と干菓子になると、看板にもこんなに違いがある。

干菓子　水分の少ない菓子。乾菓子。**糕乾**　糕は米の粉を蒸して作った菓子。それを乾かしたので糕乾という。

菓子屋の文字看板

菓子屋には、いろいろな文字看板がぶら下がっている。よくある文字として、桂花蒸糕《グイファジョンガオ》は、鶏の卵にもくせいの花（桂花）を入れて固めた砂糖菓子餅で、中国のカステラである。八《パ》寶南糖《パオナンタン》は、南中国の砂糖菓子。八宝とはいろいろな材料を使っているという意味である。糯米元宵《ヌオミユエシャオ》は、元宵節に食べる餅菓子である。西洋片糕《シィヤンピエンガオ》は西洋菓子で、手糕《ショウガオ》餅干《ビンガン》はビスケットである。龍鳳喜餅《ロンフォンシィピン》は結婚式や祝い時の菓子である。大小八件《ダイシャオバジエン》は何か事件でもあるようだが、これはカステラに似た蛋糕である。官禮茶食《グァンリチャシィ》は一般向きのお茶菓子および贈答用の菓子をいう。このような文字は、甘党の人が心得ておくべきものである。ビスケットが欲しくても、筆談も仮名書きも通用しない。

龍頭《りゅうず》の看板が出ている菓子屋がある。これは饅頭もつくるという菓子屋である。風鈴《ふうりん》が下がっていて、さらにその下に桃、あるいは柘榴《ざくろ》がぶら下がっている。桃は多寿、柘榴は多子を意味し、中国では祝福を象っている吉祥紋《きっしょうもん》となっている。

風鈴　金属、ガラス、陶器製の小さな釣鐘形の鈴。**柘榴**　六月ごろ、赤い筒状の花が咲く。実は球状で熟すと、裂けて淡紅色の肉のある美しい種子があらわれる。実は食用となり、根と皮は薬用となる。**吉祥紋**　福徳をもつ、めでたい図案。

桂花蒸糕
八寶南糖
糯米元宵
西洋片糕

風呂屋【澡《ザオ》堂《タン》】

澡堂とは湯屋《ゆや》、銭湯《せんとう》である。日本人は清潔好きだから、風呂へ入ることを日課の一つと心得ているが、中国人が風呂へ入るのは一種の贅沢で、命の洗濯である。

日本なら何々湯というところを、中国では何々澡堂とか何々塘《タン》の文字で表わしている。どちらも浴場、浴室の意味である。

看板には盆《ペン》池《チ》兩《リアン》便《ビエン》、代《ダイ》剪《ジエン》髪《ファ》處《チユ》、代《ダイ》賣《マイ》開《カイ》水《ショイ》、清《チン》水《ショイ》池《チ》塘《タン》などの文字が書かれている。盆池兩便の盆は、一人で入る西洋風の風呂桶、池は共同風呂である。ブルジョアの気取り屋は、みんな盆へ行きたがる。池は中流以下のものとされている。代剪髪處とは、理髪職人がいるということ。湯に入って髪を切って、マッサージしてから飯を食べ、一日のんびりするのが中国人の風呂入りである。代賣開水は熱湯を分売することで、清水池塘は清潔な水を使うということである。

どんな種類があるのか、北京の風呂屋を覗いて品目と値段表を記してみた。何角とあるのは何十銭で、分は何銭のことである。

官《グアン》盆《ペン》（最上風呂）	六角
客《クゥ》盆《ペン》（一人風呂）	三角
池《チ》塘《タン》（共同風呂）	一角
搓《ツオ》澡《ザオ》（流し）	一角
修《シウ》脚《ジアオ》（爪切り）	一角

刮《グア》脚《ジアオ》（足剃り）　一角
剃《ティ》頭《トウ》（理髪）　一角五分
刮《グアリ》瞼《エン》（顔剃り）　一角

爪切りは大きなナイフで見事に切ってくれる。流しはきまりの悪いくらいに垢《あか》を落としてくれる。日本の流しと違って、皮をむくといったほうが早いくらいである。

風呂屋の入口には、かならず竿頭《かんとう》高く燈籠《とうろう》を掲げている。近ごろは電気入りのものが多くなり、ガラス張りになっている。昔は油をとぼしていた。これは営業時間を示すもので、燈籠が上がっている間は商売をやっているが、上がってなければ商売は休みである。挙一反三の国である。

命の洗濯　気晴らしをして、日ごろの苦労を慰めること。**流し**　銭湯で入浴者に頼まれて身体を洗うこと、またその人。三助（さんすけ）ともいう。**挙一反三**　一つのことから推してほかのことが知れる。

池新良

旧式劇場【茶《チャ》園《ユエン》】

旧式の劇場を茶園、あるいは舞臺《ウタイ》といっている。日本の歌舞伎座や中座の座と同じである。図に見るような、鳥居形の門の牌坊《パイファン》に、屋根がついた牌樓《パイロウ》を五色の絹や布で飾っているので、彩牌坊《ツアイパイファン》あるいは彩《ツアイ》牌樓《パイロウ》という。普通の商店では開店祝いや大売出しの時につくる。

この図は地方劇である評戯《ピンシィ》の劇場で、はじめての女優（ここでは劉雲翠）を招聘したとき、その女優を歓迎することを世間に宣伝するためにつくられたものという。上部には俳優の名前が書かれ、下部には富貴舞臺という劇場の名前がみえる。

こうした古い名の劇場は舞台も古風で、長方形の舞台を巡って勾欄《こうらん》がある。古い劇場を見たければ、どうしてもこうしたところへ足を入れなくては駄目である。中国人は誰もが芝居好きで、芝居の話ができないと中国人ではないとさえいわれるほどである。往来で遊ぶ子どもたちも、芝居の立ち回りの真似をすることが多い。

日本では芝居は見るものであるが、中国では芝居は俳優の歌唱を主とした文戯《ウェンシィ》を聞くので聴戯《ティンシィ》という。それに対して、立ち回りやアクロバティックな動作がおおい武戯《ウシィ》は、目で見て楽しむ芝居なので看戯《カンシィ》ともいう。

牌坊　昔、孝子、節婦など人の規範たるべき行為、功労のあった人を表象し、記念したり、その美観のために建てられた鳥居形の門。　**評戯**　河北省灤県に約八十五年前に起こった地方劇の一種。代表作には『杜十娘』『白蛇伝』『西廂記』などがある。　**勾欄**　欄干。手すり。

評劇 劉雲翠 女王
富貴舞臺

新式劇場【戯院《シィユエン》】

新式の劇場は、戯院、戯園《シィユエン》、園子《ユエンズ》と称している。北方では戯園、戯館を用いることが多い。何々院というと病院、政府機関、新興の学校、寺、映画館などにも使い、一般的に、公共施設または多くの人が出入りするところを意味する。したがって、現在では戯場、劇院、劇場などを用いている。また、粗末な芝居小屋は戯棚《シィポン》という。新しい劇場は、ステージが卵を縦に二つに切って横にしたように半楕円形になっていて、旧式の角を丸めた舞台とおもえば間違いない。芝居は見るのではなく、聞くのであると心得ているのか、往来を歩いていても、店先にある小さなラジオから芝居の歌唱が流れている。北京のラジオ放送局は、一週間のうち五日間、京劇や地方劇の番組を放送している。

左図は上演される劇目《げきもく》（芝居の外題《げだい》）と出演する俳優名を記した紙を貼りつける板である。崑曲《こんきょく》の名優、花旦《ファダン》（女形役）の韓世昌、小生《シャオション》（二枚目の若男役）の白雲生の名前が見える。『玉簪記』という劇をやることがわかる。明天夜戯《ミンティエンイエシィ》は、明日の晩に演じる芝居で、それを宣伝している。全部と書かれているのは、『玉簪記』を通し狂言でやるということである。中国の芝居は毎日、昼と夜と狂言が替わることはもちろん、ほとんど毎日違う劇目を演じるので、見たい芝居があった時は、戯院に足を運んで、上演演目の確認をしないと、見損なってしまう。夜はほぼ六時から始まって、十二時ごろにハネるのが普通である。

戯院　俗字の戯院と書くことが多い。**京劇**　湖北、安徽地方の劇が清代の乾隆年間に北京に入って発達した劇。北京の戯劇から京劇という。**ハネ**　芝居で興行のその日の終了をいう。

明天夜戲
韓世昌
白雲生
全部
玉簪記
祥戲院

回教徒飲食店　【回《ホイ》回《ホイ》飯《ファン》館《グアン》子《ズ》】

中国人というと、すぐ豚肉を思い出し、豚肉といえば中国人を思い出すほどに、豚肉は中国人に欠くべからざる常食になっている。だが、珍しく豚肉の料理を絶対につくらない料理屋がある。それが回（イスラーム）教徒の経営する飲食店である。彼らは豚をもっとも汚れたものとして、その肉を決して食べないという戒律を守っている。したがって、イスラーム料理は羊肉《ヤンロウ》一点ばりである。

そうした看板に、回回や清眞《チンジェン》の文字がかならずついている。清眞というのは、回回（イスラーム）教を清眞教というからである。回教寺院は、いずれも清眞寺といわれている。

清眞や回回の看板は、赤ベタに黒文字で書かれ、大きさは一尺七寸ぐらいの板製である。いま一つの看板は、水差しが黒地に白抜きで出ている。角の金具は赤、回回の文字のところは青色である。この看板の大きさは、長さ二尺、幅一尺ぐらいの板である。下はガラス絵で極彩色に塗られ、大きさはやはり長さ二尺、幅一尺ぐらいである。街中に羊頭を蒸し焼きにしたのを並べている肉屋があるが、これも回教徒専門の店である。

回回教　イスラーム教。唯一の最高神アラーを信仰する。経典はコーラン。フイフイ教。アラビア語で、イスラームは神の意志への服従をいう。

回回

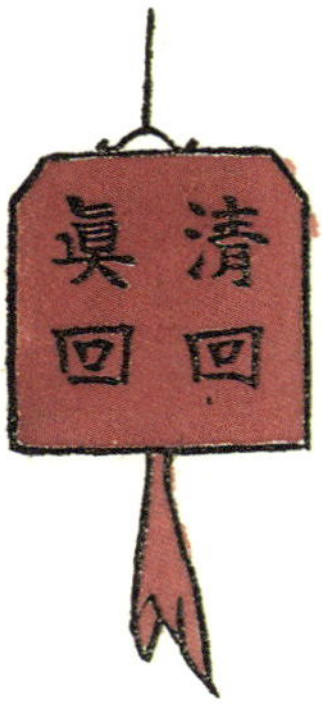

清真
回回

古
清真
教

一膳飯屋【粗《ツウ》飯《ファン》舗《プウ》】

粗飯舗とは、おもに車夫《しゃふ》や苦力《クウリ》などの労働者を相手にした、安い飲食店のことである。看板は丸い輪に紙を細く切ったのを下げている。麺の看板に似ているが、麺屋ではない。

右図に描いた、薪のようなものを縛った看板も一膳飯屋であり、これは尖餅《ジェンビン》という餅を丸めた形である。大きさは五寸ぐらいの丸い木でつくられている。色が茶色をしているので、薪と間違える旅行者があった。

尖餅とはうどん粉でできた薄い餅であり、餅のなかに肉、野菜、味噌などを入れて、丸めて食べるものである。たしかに安い食べ物である。これを看板にするくらいだから、粗飯舗に違いない。

日本では、京都の三条縄手茶屋で倹飩《けんどん》弁当を売っていた。倹飩とは盛り切り飯で、いまでいうどんぶり飯である。路傍の茶屋などで売られていた。これが一膳飯屋の前身である。はじめは、街道で温かい茶を売っていたが、注文に応じて煮物を出す煮売茶屋となり、明治に入ると、飯椀にかわってどんぶりが現われた。

一膳飯屋　お椀に盛り切りの飯をよそった一膳飯を食べさせる店。　**倹飩**　江戸時代に、うどん、飯、酒などを盛り切りにしたもの。これを持ち運ぶ箱を、けんどん箱という。

理髪店【剃《ティ》頭《トウ》舗《プゥ》】

理髪は中国本来の商売でないので、新しいものである。左図をみると、周囲に火焔状の襞《ひだ》を取った紅布で、下部が魚尾のように三角になっているのは象形文字の丙字形である。正月になると、店の入口に見られる恭喜發財《ゴンシィファツァイ》という吉祥の文字を書いた紙銭の変形である。たいへん縁起のよい形であるというので、理髪處の布看板はいずれも下部が三角になっている。一尺ぐらいの木の枠にはどれも布が下がっている。看板には湖北という文字をずいぶん見うける。これは広東の西にある湖北省の人が理髪屋に多かったことによる。蘇州といえば美人の本場と同じように、理髪屋といえば湖北出身といわれている。

看板の文字の朝陽取耳《ジャオヤンチウアル》とは、陽のあたるところで耳を掃除しますということである。近頃、理髪店で耳を掃除するところはなくなった。また整容《ジョンロン》は調髪、髭を剃って容姿を整えるという意味である。最近はパーマネントが流行《はや》ってきたので、北京あたりでは、湯熨《タンユン》という看板を出した店がある。熨とはアイロンのことで、熱いアイロンをパーマネントの漢語にしたのは面白い。また電熨《ディエンユン》という語も見かける。なお、パーマネントはモダンガールの表象となるので、日本に負けず、若い娘も中年の女も湯熨に駆け込む日は近いだろう。

恭喜發財　喜びと財産が増える祝い言葉を家の入口に貼る。新年の挨拶でもある。　**モダンガール**　現代的な娘。新しがり屋の女の子。大正末から昭和初年の流行語。略してモガともいう。

理髮處

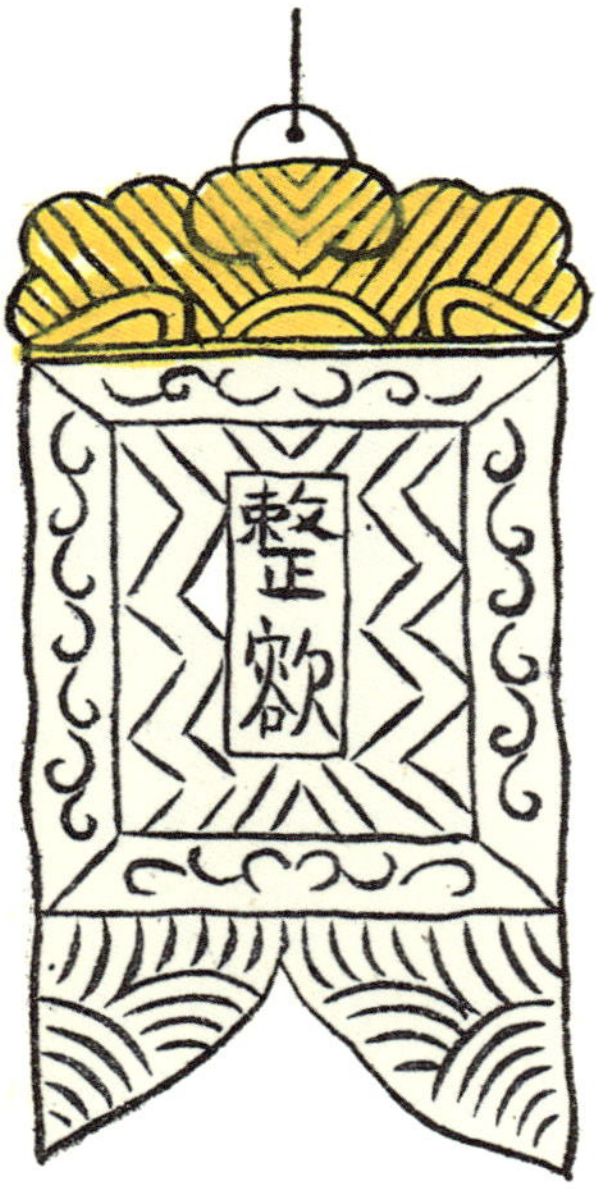
整容

湖北
明三記
朝陽
取耳

八卦屋【指《ジィ》南《ナン》卦《フォン》館《グアン》】

八卦《はっけ》は占いのことで、日本と同じである。わが国もこの道はかなりさかんであるが、中国人の八卦好きは、箸が転がったことでも、見てもらわねば気がすまないくらいで、それ旅行、やれ縁談、病気はもとよりのこと、一から十まで占いで決定され、軍隊の進退も八卦で決められたといわれている。そんなありさまだから、大道易者先生の張り店《はみせ》はいたるところに見出されても、ちっとも不思議ではない。

易者は八卦先生と呼ばれ、中には堂々と一戸を構えて相士《シンシィ》と称している者もある。こうした者は相当の学問と見識を具えているので、見料も五、六十銭ぐらいからで、相手によっては高く取るという。もっとも見てもらう亡者《もうじゃ》も心得たもの、先に値を聞いてから占ってもらう。一戸を構えた連中は、八卦屋の意味する問心命館《ウェンシンミングアン》、指南卦館などの看板を出している。図は常店《じょうみせ》程度の指南卦館の八卦台で、軒先から吊り下げない看板である。

張り店　店を往来に出すこと。店を構え設けて客を待つこと。**相士**　人相見、手紋、顔、骨相などをみて人の運命を判断する人。**亡者**　ここでは相談する悩みのある者、または悩みに取り付かれている者のこと。

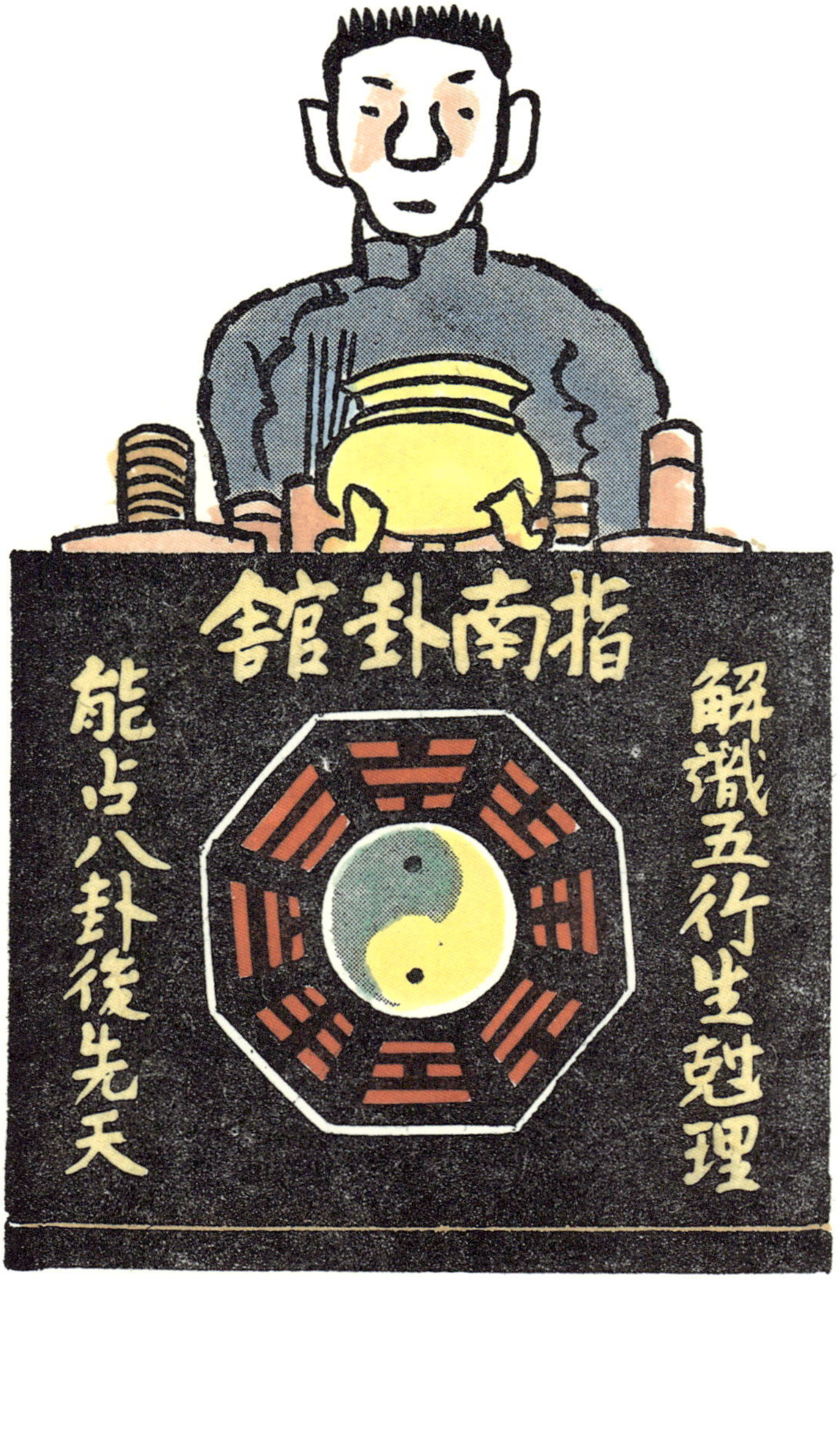
指南卦館
解識五行生剋理
能占八卦後先天

靴屋【鞋《シエ》荘《ジャン》】

ぬいぐるみの中国靴の看板を出している店は、いまは旧式靴屋の看板となっている。図は底が二尺ぐらいの大きさのものである。それに対して、新式のは大きな白木綿の長布に、何々鞋荘と墨くろぐろと書いて、周囲に赤のヒダヒダをつけて人を誘っている。

新式の店ではハイヒールの靴も売っている。様式もモダンで西洋の影響が見える。中国で西洋化というのは、主としてアメリカ文化を取り入れることである。とにかく靴屋を探すときは鞋という文字を探せばすぐわかる。

靴屋を覗くと、皮鞋《ピシエ》は西洋風の皮の短靴、綿鞋《ミエンシエ》は冬季用の木綿の靴、早鞋《ザオシエ》は繻子（薄い絹）で作った黒色の短靴などがみえる。さらに、めずらしい靴に油鞋《ヨウシエ》がある。これは雨天用に油を塗っている靴である。

すべて中国商人は掛け値をするから、言い値で買わないのが常識となっている。もっとも最近は、信用のある店では正札《しょうふだ》販売をやっていて、値切っても負けないから、よく店を見てから入らないと少々赤い顔をしなければならなくなる。不二價《ブゥアルジィア》と札があるのは掛け値なしのことだが、値切るとかならず負けるのであるから、ためしにやってみることである。この点の駆け引きはなかなかむずかしい。

ハイヒール　高跟鞋という。　**正札販売**　掛け値なしの値段を書いた札を品物につけて売る販売方法。

三聚鞋廠
闊裡襪莊批發零售

銀碗屋【銀《イン》碗《ワン》舗《プゥ》】

中国人は銀を貴重にしているので、銀製品をたいへん好む。銀の碗を製造して販売している店の看板は、実物大の銀碗を十個ほど連ねている。看板なので本物の銀は使わず、銅に銀の鍍金《メッキ》をしている。

鍛冶屋【鑪《ルゥ》房《ファン》】

トンテンカンとやる鍛冶屋の看板である。音だけで鍛冶屋とわかりそうなものだが、入口に看板があっても、仕事場は奥の方にあり、往来からは見えない。したがって、看板が必要である。一番上の唐草模様の楕円は銀色、二番目のは周囲が金、中央は藍色、次は最初と同じで、四番目は金色に塗られている。いずれも木製である。

トンテンカン　鉄を打つ擬音語。　**唐草模様**　唐草と略していうことが多い。蔓草の這いまわる様子を図案風に描いた模様。

目薬屋【眼《イエン》藥《ヤオ》舗《プゥ》】

目薬屋だけあって、眼が描かれた看板となっている。ただ眼だけであると眼科医院かとおもわれる。目薬の看板は薬屋に下げればいいとおもわれるが、これだけを下げた店であるのを見ると、こういう店には、きっと、家伝何々眼薬という特別な目薬があるのかもしれない。

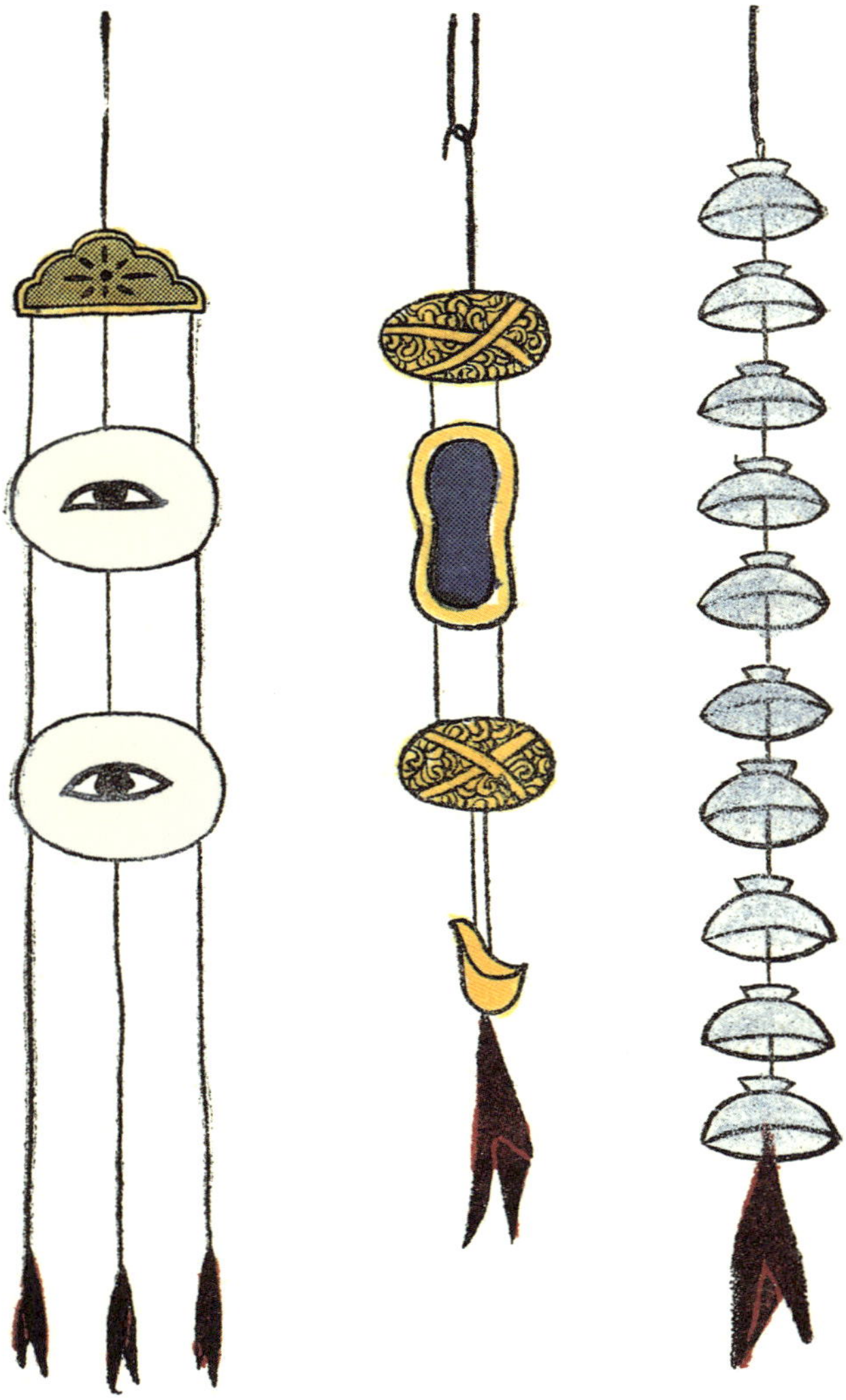

金属屋【金《ジン》店《ディエン》】

金属の細工とその販売をする店の看板である。日本の金属屋、金物屋とは大分異なっている。主として金銀などの貴金属、錫《すず》製品を扱っている。

看板の文字のなかにみる首飾とあるのは、装飾品の意味である。長さ五尺、幅五寸ぐらいの縁がついた白色の板に、赤地に金文字で書いた看板が多い。裏は何々金店とある。

ショーウインドウ（橱窗《チュチュアン》）のある店では品物を並べている。モダンな店は優勝カップや優勝楯を出している。「童叟無欺《トンソウウチィ》（童叟を欺かず）」、「貨眞價実《フオジェンジアシ》（貨真に価実なり）」、「平價出售（大いに勉強し売り出します）」、「始創劃一（本家が本元）」、一番多く目につくのが掛け値なし、正札通りを意味する「言不二《ヤンプアル》價《ジア》、不二價、定價不二、不二價、始創眞不二價、一言堂」などのお定まりの文字が看板に下がっている。

金銀を扱うことから金銀玉楼といって、店の前にものすごい楼閣を建てている貴金属屋がある。これは銀細工を主とする店のものである。また四遠馳名《スウユアンチミン》と自ら柱に書いているところは心臓ものである。

童叟を欺かず　老人も子供も同様に応対し、決して狡賢いことをしない。　**貨真に価実なり**　品質が信用でき、価格も安い。偽物にあらず。　**四遠馳名**　全国中に名が聞こえている。

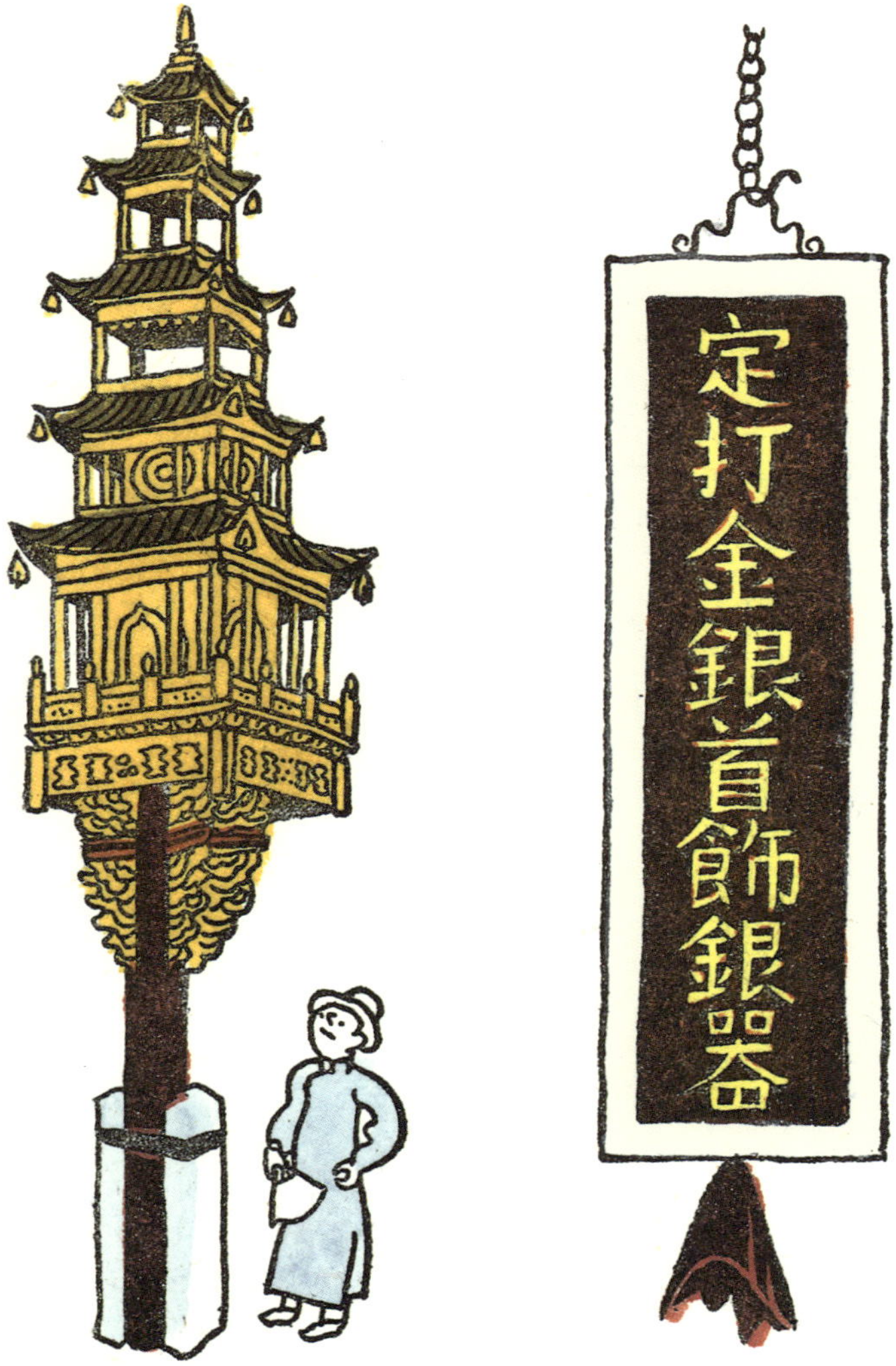
定打金銀首飾銀器

扇子屋【扇《シャン》畫《ファ》店《ディエン》】

日本の芋屋は、夏になると氷屋に化けるが、中国では夏だけのことなので扇子専門の店はない。平常はいろんな燈籠《とうろう》をつくっている。燈籠屋が扇子屋に化けるそうだから、扇畫店あるいは燈籠舗《ドンロンプゥ》といってもいい。大きな扇を看板に出しているのは、日本で見うけるのと同じである。中国で扇子というと、團《ツアン》扇《シャン》(うちわ)と折扇《ジョシャン》(おうぎ)の総称である。

中国芝居には扇子小生《シャンズシャオション》という役柄があり、いつも扇子を手にしていて、上品で二枚目の若者の演じる役である。扇子は粋な者には欠かせない小道具となっている。

日本のは黒地に赤い日の丸の軍扇が多いようだが、中国のは白扇である。白扇身につかずという洒落は、中国では通用しない。

芋屋　薩摩芋、甘藷。京阪では蒸芋、江戸では焼甘藷が多かった。看板に「○やき」(全薯焼(まるやきいも)のこと)などがある。**氷屋**　江戸では冷水売(ひやみずうり)ともいう。白糖と寒晒粉(かんざらしこ)の団子を加えて売った。京阪では冷水売りとはいわず、砂糖水屋、砂糖水売りといい、粉団子を入れなかった。**軍扇**　むかし大将が軍陣で指揮をするのに用いた扇。**白扇身につかずという洒落**　「悪銭身につかず」を捩った洒落。不正な方法で得た金は、無駄に使われて、すぐになくなること。

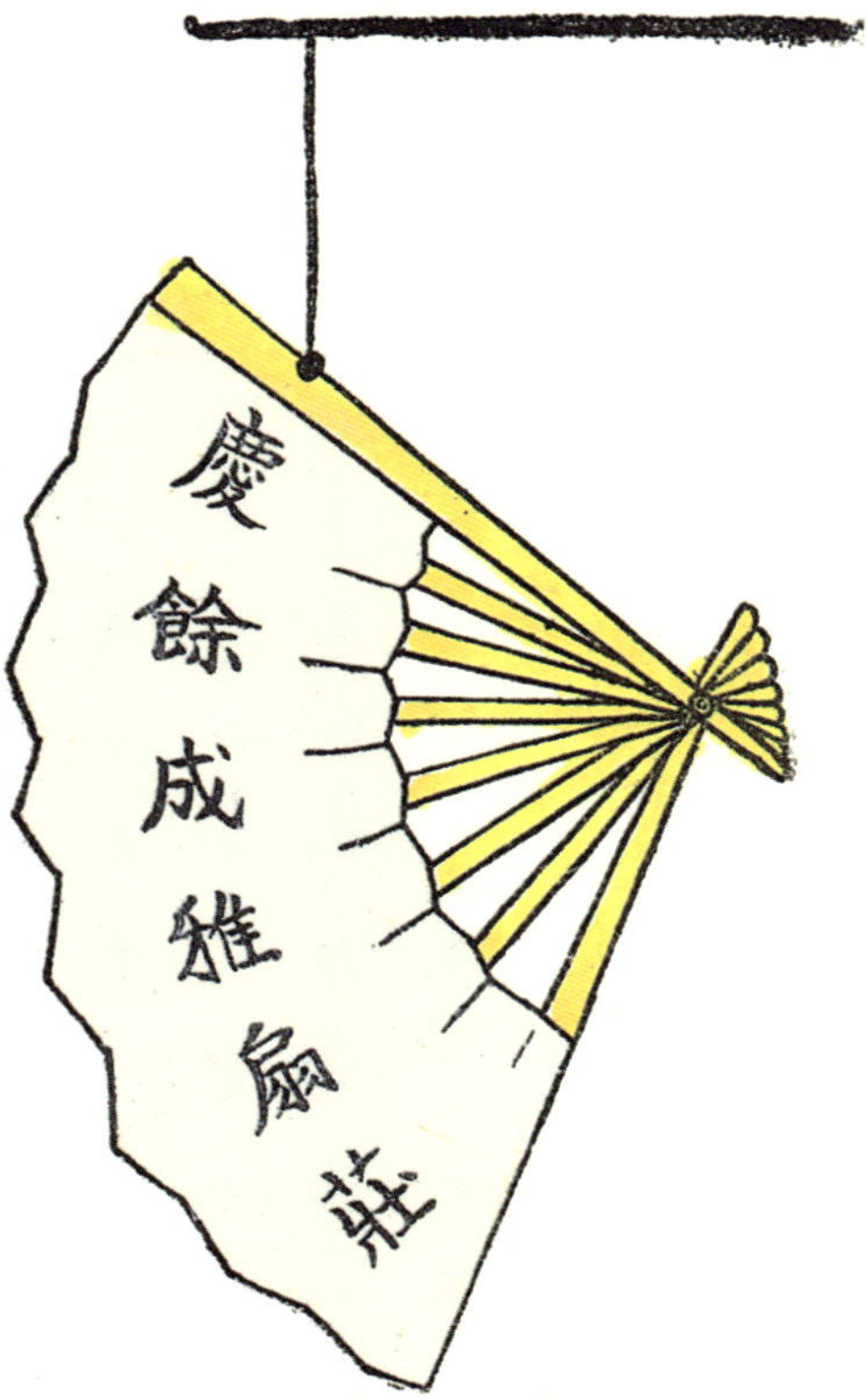
慶餘成雅扇莊

扇張り屋【粘《ニアン》扇《シャン》子《ズ》】

日本でも昔は地紙《じがみ》売りと称して、若衆のトウのたったのが、扇の地紙を売りながら歩いたとある。この扇張り屋は、お好みの地紙を持っていて、売りながら即座に張り替えてゆく行商人である。綱に鈴をつけた商売道具の箱を抱えて歩いている。この「チリン、チリン」の鈴の音で、町の人々は夏が来たことを知り、扇張り屋の来たことを知る。風雅な商売である。無言の行商人は、ちょうど日本の定斎屋《じょさいや》に似ている。

地紙売り　近世、夏に扇の地紙を売った行商人。若い男が伊達（だて）な衣服に足袋、雪駄（せった）をはき、地紙形の箱を重ねて、肩に担いで呼び歩き、役者の声色、浮世物真似をしたり、即席に折り立てたりして売り歩いた。**トウの立つ**　盛りが過ぎる。最適な年齢が過ぎてしまうこと。トウ（薹）は菜やふきの花軸、花茎のこと。**定斎屋**　暑気払いに飲む薬を売る行商人。大坂の薬屋定斎が、明人沈惟敬の薬法を伝えて製したという。夏に薬箱を天秤棒で担ぎ、調子をとりながら歩き、箱の引き出しについている蕨手の環をカタカタと鳴らした。延命散、国分散ともいう。

湯呑屋【泡《パオ》水《ショイ》店《ディエン》】

中国の人たちは、けっして生水を飲まない。かならずいっぺん沸かして、湯にしてから用いる。お金持ちの家庭では、自家で沸かすが、庶民となると、湯は左図のような看板が出ている泡水店か熱水店《ルオショイディエン》へ行って、湯を買ってくる。

老虎竈《ラオフゥザオ》という土造りの竈《かまど》に火をたいて、ブリキ製の薬缶を十五、六個並べ、じゃんじゃん沸かしている。買いに行くと、薬缶から湯を出して売ってくれる。奥か店先の隅には、簡単に湯茶を呑ませる設備もしてある。この湯呑を買ってきて、往来の労働者たちに、茶碗一杯幾らで又売りする商売もある。葉茶の小売り、湯呑の又売り、中国の庶民生活は案外楽である。

実物のブリキ製の薬缶をぶら下げた看板は振るっている。右図も板製で長さ二尺、幅一尺五寸ぐらいのもので、黄色に塗られ、紅布が下がっている。この看板の店は、湯のほかに葉茶も売っている。

振るっている　意表をつくほどの突飛で面白い。　**葉茶**　飲むための茶の葉。

両替屋【銭《チエン》荘《ジョアン》】

銅の空棒を八個つないで、中央に金銀國幣《ジンインクォビ》と彫った穴銭を挟んである。上下に飾りがついて、一番下には紅布が下がっている。銅は真鍮の鍍金《メッキ》をしている。中には簡単に木でつくったものもある。

両替屋は俗に錢荘といっているので、あっさり錢荘と書いた看板だけの店もある。朱塗りに金文字が多い。大道の片隅に小銭を積んで、店を出している露天両替屋もある。大道の店は、大きく周囲を鉄の棒の柵をめぐらしている。外から手を出したくらいでは、いくら手の長い人間でも届かないところに金庫を置いて、用心をしている。

両替屋の番頭や手代は、銭の数え方が鮮《あざ》やかなことと、偽造貨の鑑定のうまいことには吃驚《びっくり》する。切り賃は十円について十銭が相場である。宿屋の男孩《ボーイ》に頼んだら、二十銭差し引いてよこしたので、「十銭不足だよ」といったら、「不足の十銭は私の足代です」とすましていた。取り引きは一切昼間で、日が暮れると絶対にやらない。

左図の筒形の二本棒は、穴銭を束にしたのを表わしている。上部にある桃は金銭が殖えることを表わし、下部の二つ菱の飾りは吉祥を表わしている。

穴銭　孔（あな）のあいた銭。　**切り賃**　手数料のこと。

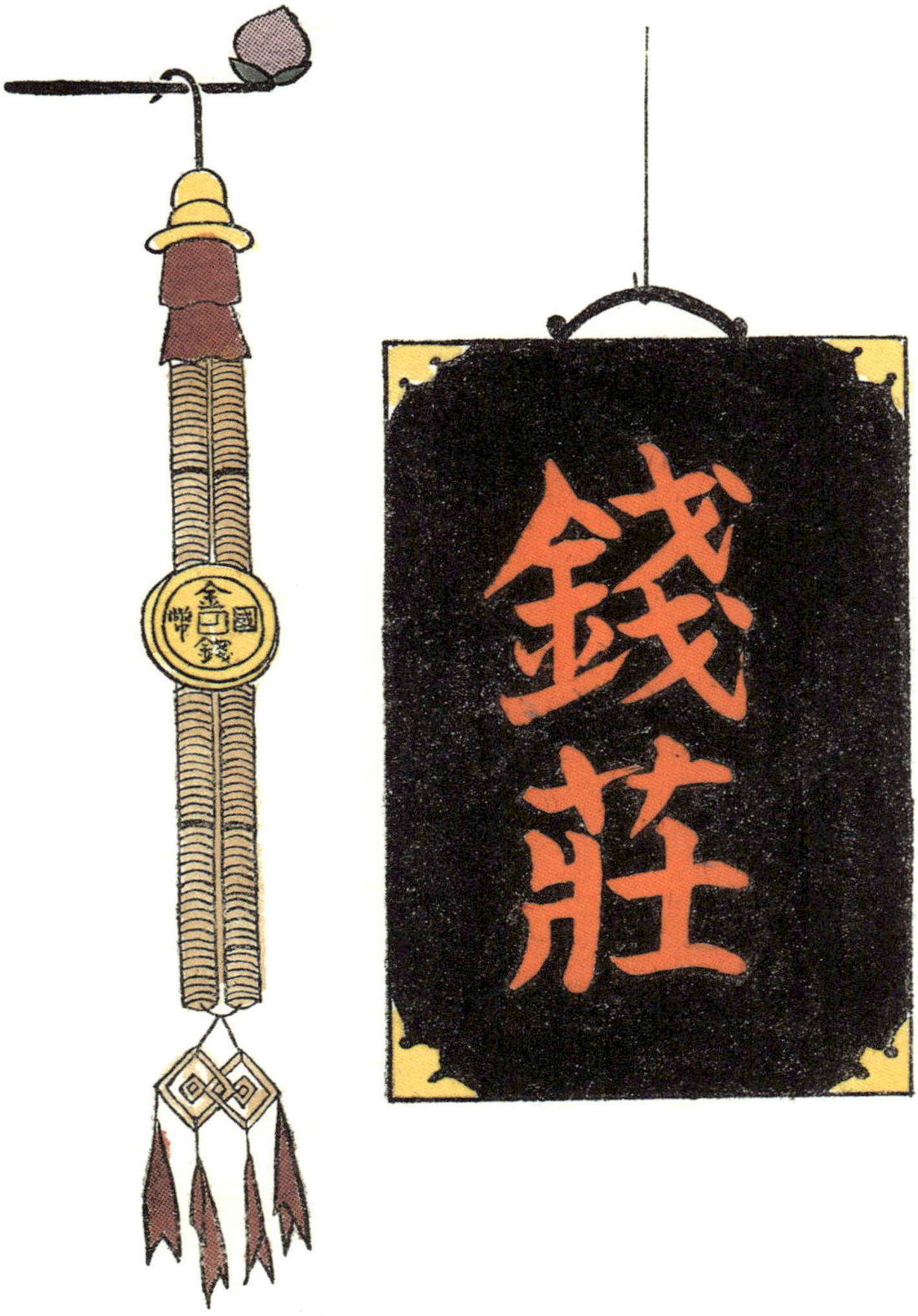
銭莊

楽器屋【絃《シエン》子《ズ》舗《プウ》】

楽器にもいろいろ種類があって、絃(弦)子舗というと、琴、瑟、琵琶類の弦楽器を売る店であるが、いまでは胡琴《フウチン》(胡弓《こきゅう》)や月琴《ユエチン》まで売るようになってしまった。銅鑼《どら》や太鼓などの鳴物の道具屋は絃子舗にはなく、喣器舗《シアンチィプウ》というところで扱っている。

真横から見たところを描いてみた。裏に喣器発売の四文字が記されてあった。大きいのが二尺円径ぐらいで、だんだん小さくなってゆく。いずれも実物である。

二図にあるのは琵琶と月琴である。右は長さ二尺、幅八寸ぐらい、左は三尺五寸円径ぐらいで、実物大のものを下げている。月琴は琵琶に似ているが、少し小さくし、胴も琵琶と異なって、円形で扁平の形をしている。

三図のは太鼓、揺鼓《ヤオグウ》(振り太鼓)、波浪鼓《ボラングウ》(でんでん太鼓)などを売る店の看板である。聲宏齋というのは店の名である。ここのは音楽老舗になっているが、製造しながら売っている店は音楽作房となっている。いずれも実物を下げているので、文字がなくとも形を見ただけですぐにわかる。

銅鑼　青銅製で盆状の楽器。紐で吊るして、撥で打ち鳴らす。

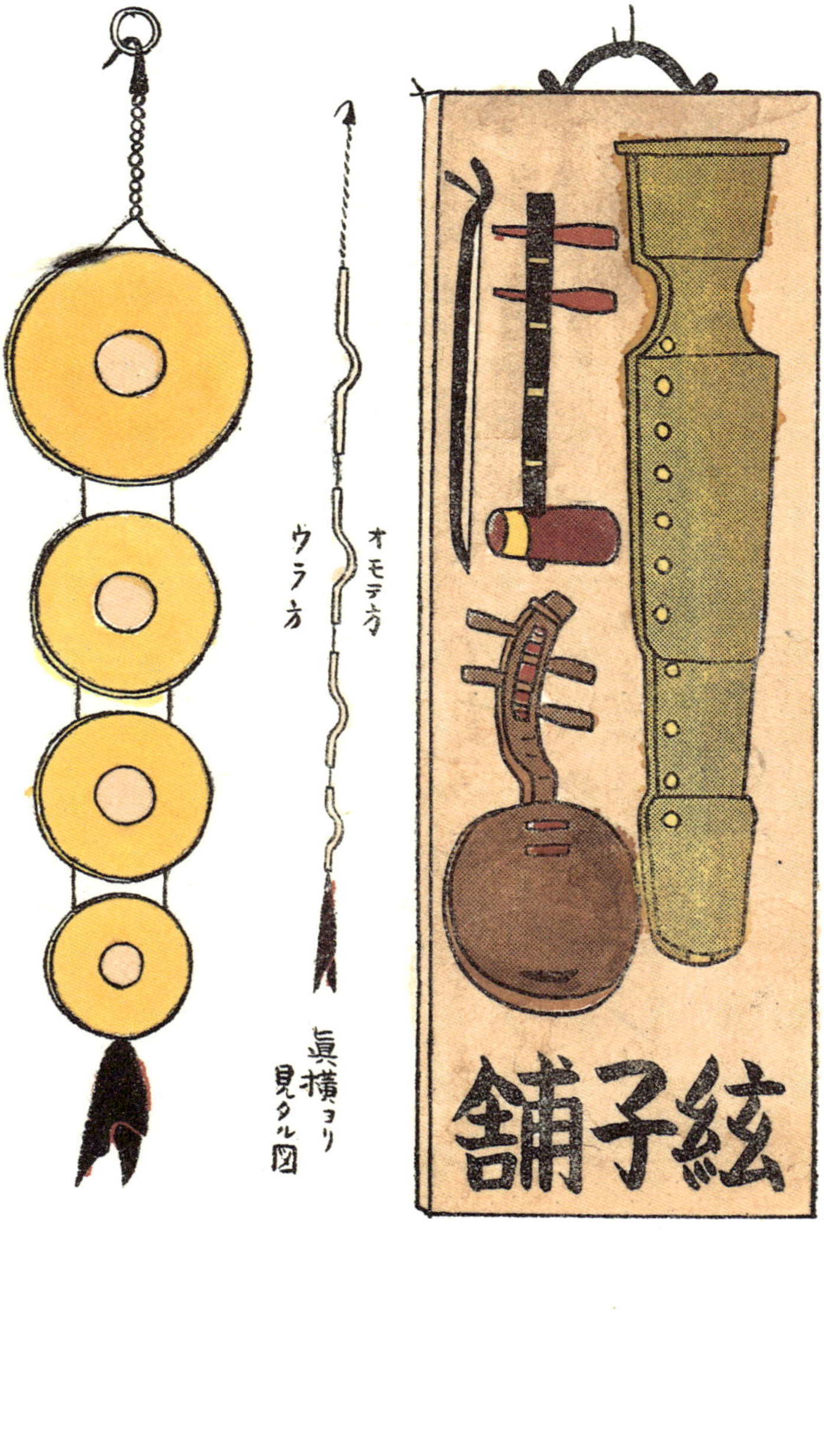
オモテ方
ウラ方
真横ヨリ見タル図
絃子舗

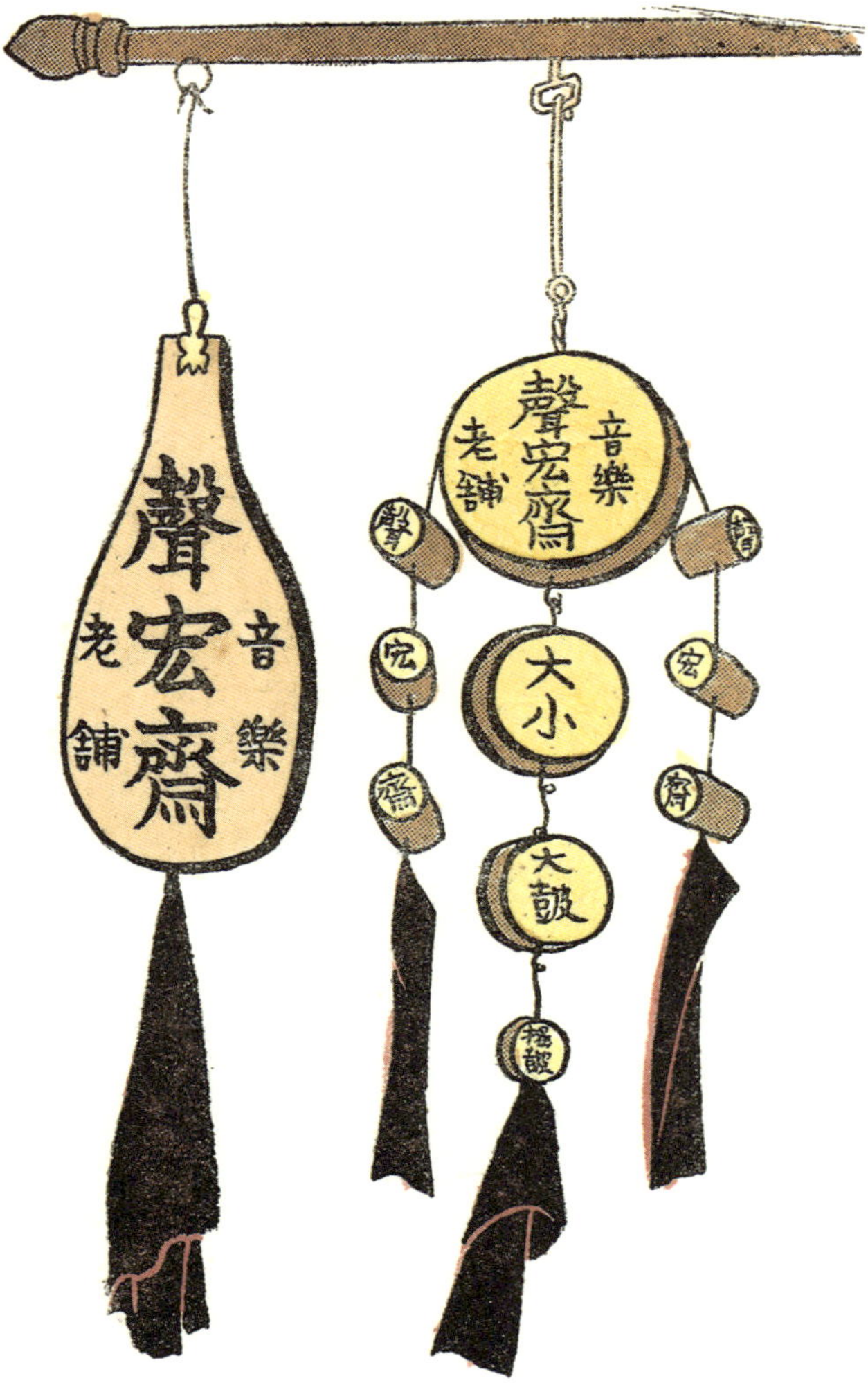
音樂
聲宏齋
老鋪
音樂
聲宏齋
老鋪
大小
大鼓
搖鼓

宿屋【客桟《コオジャン》】

宿屋といっても普通の宿屋で、日本なら商人宿というところである。ここらの宿の名物は南京虫《なんきんむし》である。日本人は非常に嫌うが、中国人は日常茶飯事で平気の平ちゃらである。宿屋も都会になると、桟をやめて旅館といっている。これは日本流を真似たものである。入口の左右に對聯《ドォイリエン》があって、「仕官行臺」と「安寓客商」の文字がみえる。これは宿屋のお定まり文句で、「役人さん、商人さんのお泊まりどころ」という意味を表わしたものである。格式が高いといいたいのだろう。

木賃宿屋【小店《シャオディエン》】

柳条製の籠の中から、一尾の魚が顔を見せている。はじめは魚屋の看板かとおもったら、宿屋だと聞いて吃驚《びっくり》した。これは魚跳龍門《ユィティアオロンメン》という、魚が黄河の急流にある龍門の滝を、跳び上がって登り龍に化す故事によったものである。この故事が、立身出世にたとえられることから、昔、科挙の試験を受けに都へきた若者たちが、どうせ泊まるなら、ここがいいとなった。魚はその名残りである。いまは苦力や馬方相手の馬店《マディエン》とか小店という、ごく粗末な宿屋のしるしである。泊まるだけで世話をしない宿は小火店《シャオフオディエン》儿《ル》という。さらに鶏毛小店儿《ジィマオシャオディエンル》という宿があり、土間に鶏の羽毛を一杯に敷いて、そのなかにもぐり込んで寒さをしのぐ最下等の宿である。木賃宿といってもピンからキリまである。

柳条製　柳の枝で編んだもの。　**科挙**　隋代にはじまり、清代に廃止された官吏登用の試験制度。　**ピンからキリまで**　上から下まで。初めから終わりまで。めくりカルタで一をピン、十二をキリという。

亨茂棧
仕官行臺
安寓客商

竹細工屋【竹《ジュ》子《ズ》房《ファン》】

看板の笋《スゥン》とは竹を割って、編んでつくった籠のことをいう。玉《ユィ》笋《スゥン》は竹で丸く輪をつくり、中に細かい竹の網をはめ込んで、その上に赤い紙を貼ってあるだけである。蒸籠《せいろ》類の簀《す》の子《こ》を多くつくっている。その暇々《ひまひま》に、竹による籠類を編んでいる。籠といっても左右四、五尺ぐらいで、取っ手のついたものもあるので、簡単には片づけられない。街中でおもしろい玩具をたくさん買っても、この大きな竹籠の中に入れれば、十分に間に合った。たいへん調法であった。

表具屋【裱《ビアオ》糊《フゥ》匠《ジアン》】

表具《ひょうぐ》師の看板である。板に彫ることもあるが、たいがいは墨で書いてある。長さ五尺、幅一尺二、三寸ぐらいである。図にあるような巻物をつくり、また掛軸もつくる。掛軸は全体の板の形がそれである。潤古齋というのは屋号である。いい店になると表具専門だが、安い店になると壁張りもする。経師屋《きょうじ》と表具師が別になっていないところは、日本と同じだ。本来は経師と表具は別なものだが、世の中がせちがらくなったので、看板は別でも中身はごったである。

経師屋　経師は書画の幅(ふく)、または襖、屏風などの表具をする人。表具は布、紙などをはって、巻物、掛け物、屏風などに仕立てること。表装を仕事とする。それを職業とするのが表具師。　**ごった**　一緒、混ざっている。どちらも兼ねている。

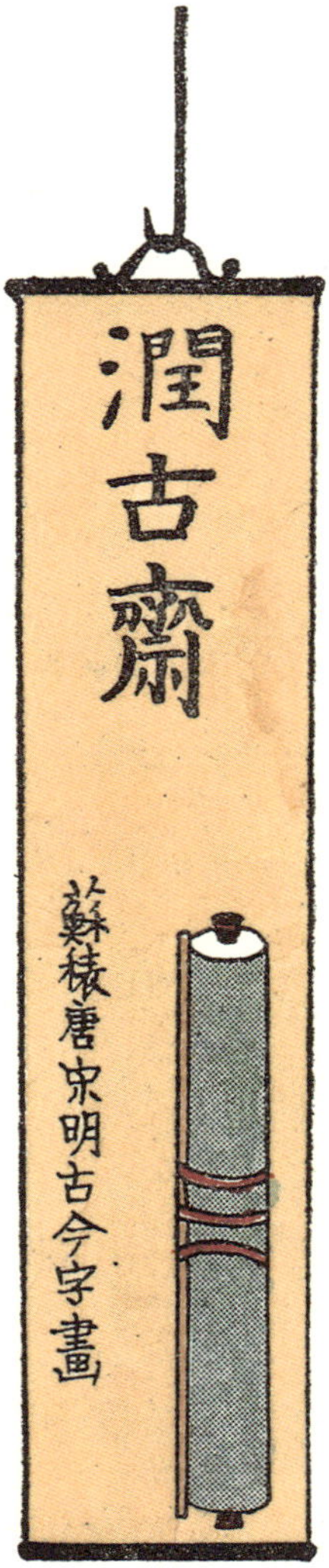
潤古齋
蘇裱唐宋明古今字畫

玉
筝

絵具屋【顔《イエン》料《リアオ》店《ディエン》】

絵具といっても、日本画や水彩画、油絵の絵具を売る店ではない。桐油《とうゆ》、油漆（ペンキ）、漆、白蠟《はくろう》などを売るので、絵具屋というよりペンキ屋に近いが、染物の顔料《がんりょう》も売っているところをみると、やはり絵具屋といった方がよさそうである。

上段右図に描いた丸い形のものは、それぞれ美しい色で塗られているもので、それだけでも絵具屋と感づくほどになっている。便宜上一つしか描かないが、これがほかの看板と同様、一本の桿棒《ガンバン》（こんぼう）に四つあるいは六つくっついているのが普通である。下図の大赤官方と書かれた箱状の看板の中央にある◇のところには、金箔が貼ってある。周囲は板木地色で塗られている。

中央のフワフワみたいな丸いのは油漆の看板である。上の吊るし目と下の紅布が赤で、あとは白である。上段左図の浮袋みたいなものは檳榔子油《びんろうじゆ》の看板である。黄色と灰色とが交互に塗られている。

白蠟　黄蠟を日光にさらしてつくった白色の蠟。**檳榔子油**　びんろうの実から取れた油。染物、薬用に用いる。

大赤
官方

豚皮靴屋【烏《ウ》拉《ラ》儿《アル》鞋《シエ》舗《プウ》】

鞣革《なめしがわ》屋の一種で、馬や馬車のあるところ、どこの田舎の街でも絶対必要なものである。そうはいっても、この靴屋は独立したものはなく、多くは毛皮や革紐などを売る店と一緒になっている。看板の両端のふさふさしたものは、毛皮も売っているというのを表わしている。

烏拉儿鞋というのは、豚の皮でつくった縫い目なしの靴である。藺草《リンツァオ》というい ぐさに似た烏拉儿草を槌で打って、綿のようにして靴の中へ入れると寒さ知らずとなる。農夫や労働者にはなくてはならぬ防寒具の一つとなっている。満州地方では貂《てん》の皮、人参《にんじん》そして烏拉儿草を三つの宝という。寒さを除けるには欠かせないものである。

貂 いたち科の小形の獣。夜に小動物を捕らえて食う。尾は冠の飾りに用いられ、淡黄色の毛皮は珍重された。

壺屋【油《ヨウ》壺《フウ》舗《プウ》】

壺といっても、陶器製ではなく、柳条を編んだ籠に油を上から塗って、中身がこぼれないようにしたものである。油壺子《ヨウフウズ》という。これは酒や油を入れる容器に用いられる。図の上の二つがそれである。下のは張子《はりこ》製の壺で、やはり油を上から塗って丈夫にしてある。ここでは上を油壺、下を酒壺と見るべきである。これは壺ばかり売るのではなく、中身も売ることを意味している。

市
官
来
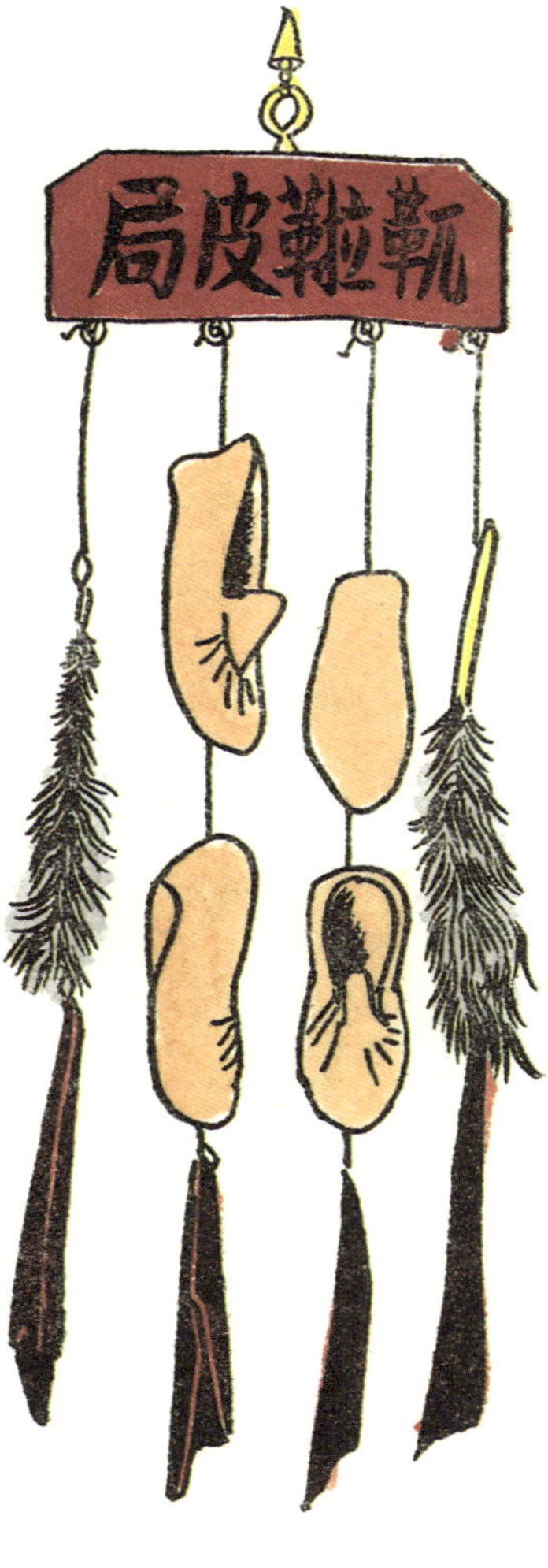
靰鞡皮局

帽子洗濯屋【草《ツァ》帽《マオ》刷《シュア》洗《シエン》的《ド》】

カンカン帽の洗濯屋である。「刷洗草帽、去舊還新」と書いてある。大道の片隅で「旦那、帽子洗いましょう」と日本でやっているのと同じだが、中国では一戸を構えている。たいしたものである。草帽とはカンカン帽、刷洗は洗うことである。文字通り考えると、洗って刷るというと、何か印刷でもされるのではないか、といった旅行者がいたが、そんな心配はいらない。

カンカン帽 麦藁を固く編んでつくった夏の男子用帽子。

人力車幌屋【車《チョ》圍《ウエイ》舗《プウ》】

中国の人力車は日本と違って、梶棒の工合が少々上向きになっている。上海方面では黄《ファン》包車《パオチョ》あるいは洋車《ヤンチョ》、東洋車《トンヤンチョ》と呼ぶ人もいる。この人力車の幌やカバーを売る店の看板である。椅子のカバーや国旗もついでに売っている。忠臣蔵の義士の模様に似た白黒のダンダラが目を引く。

東洋車 もともとは日本から伝わった人力車。 **忠臣蔵の義士の模様** 赤穂四十七士は、黒地に白の山形模様の、そろいの火事羽織を着て、高師直邸に討ち入りした。史実ではそろい服装ではなかったという。 **ダンダラ** 段染の縞模様のこと。いろいろな色で横段に染める。だんだら筋。

新式洗刷
刷洗草帽
去舊還新
車圍鋪墊
國旗椅套

提灯屋【燈《ドン》籠《ロン》舗《プウ》】

傘屋【傘《サン》舗《プウ》】

提灯《ちょうちん》屋といっても、日本と同じように傘も売っている。いずれも実物を下げてある。提灯や傘のほかに燈籠《とうろう》もつくり、また油紙も売っている。提灯は長さ三尺、幅三尺ぐらいの円形のものである。日本の提灯は上から下へたためるのに対して、中国のは左右から中央へたためるようになっているのが多い。日本のは紙を主としているが、中国のは粗い布地《きれじ》を使っている。しかし紙製のものがないのではない。この看板は紙貼りである。傘は日本と大差がないが、日本のような蛇の目という粋なものはない。

折りたためる　蛇腹（じゃばら）ともいう。折りたたみ、伸縮自在である。　**蛇の目**　蛇の目傘のこと。中央と周囲とを紺、赤などに塗り、広げると大きな輪の形の現われる傘。

タオル屋【手《ショウ》巾《ジン》舗《プウ》】

タオルや手拭い以外にハンカチーフなども売っている。独立した商売ではないので、雑貨店の店頭にほかのものと一緒に売られている。「私の店には、タオルもあります」といって、実物をそのまま看板としている。汚れのつかないうちに、ほかのものと取り替える。看板に使ったものは、目立つこともあって、すぐに売れるという。

タオル　布面に輪奈(わな)・輪差(わさ)(紐を輪の形に結んだもの）を出した綿織物。西洋風の手拭い。　**手拭い**　たなごい（たのごいの転訛）ともいった。たは手、のごいは拭いの古形。

東同盛

糸屋【棉《ミエン》綫《シエン》莊《ジュアン》】

紡績の木綿糸を売る店である。雲頭《うんとう》を彫った木片の下に、各種色の糸の実物がくくりつけられていて、なかなか彩《いろど》りもよく綺麗である。下部の蓮華模様の台座とともに、この看板の一つの特長で、一目《ひとめ》でこの商売を語っている。北京の裏通りにこの看板が出ているが、店屋ではなく立派な門構えで、叩かねば扉を開けないような店もあった。きっとそういう店は、相当の大店《おおだな》なのかもしれない。

左図のように、糸だけ輪にしたのをアレンジした看板もある。黄、赤、緑の三色の糸を三条輪にして、斜めに並べたところなどは、なかなか効果的である。見方によっては、すき間なく糸をくくりつけたものより、宣伝には頭を使っている。それだけに優秀な看板である。この糸をピンとさせるために、糸を針金らしいものに巻いているようだ。

雲頭　雲のもくもくとした形の頭の部分。　**蓮華模様の台座**　蓮華座ともいう。　**大店**　規模の大きい商店。

郵便はがき

料金受取人払

板橋北局承認

462

差出有効期間
平成17年10月
31日まで
（切手不要）

1748790

板橋北郵便局
私書箱第32号

国書刊行会 行

コンピューターに入力しますので、ご氏名・ご住所には必ずフリガナをおつけください。

☆ご氏名（フリガナ）

☆年齢
歳

☆ご住所　〒□□□－□□□□

☆TEL

☆FAX

☆eメールアドレス

☆ご職業

☆ご購読の新聞・雑誌等

☆小社からの刊行案内送付を　□希望する　□希望しない

愛読者カード

☆お買い上げの書籍タイトル

☆お求めの動機　1.新聞・雑誌等の広告を見て（掲載紙誌名　）
2.書評を読んで（掲載紙誌名　）　3.書店で実物を見て
4.人にすすめられて　5.ダイレクトメールを読んで　6.ホームページを見て
7.その他（　）

☆興味のある分野　○を付けて下さい（いくつでも可）
1.文芸　2.ミステリー・ホラー　3.オカルト・占い　4.芸術・映画　5.歴史
6.国文学　7.語学　8.その他（　）

本書についての御感想（内容・造本等）、小社刊行物についての御希望、
編集部への御意見その他

購入申込欄

書名、冊数を明記の上、このはがきでお申し込み下さい。
「代金引換便」にてお送りいたします。（送料無料）

☆お申し込みはｅメールでも受け付けております。（代金引換便・送料無料）
お申込先eメールアドレス: info@kokusho.co.jp

呉服屋【綢《チョウ》緞《ドゥアン》舗《プゥ》】

呉服屋の看板はどこへ行っても、デカデカと龍の彫刻を出している。これが古くからある老舗の看板であり、それができないと、普通のトタン板の細工物に、ペンキで文字だけを書いて、ごまかしている。綢緞とは絹織物の総称をいい、日本でいう緞子（厚絹）、繻子（薄絹）の類である。寧綢《ニンチョウ》という南京緞子は知られ、これは中国の礼服によく用いられる高級品である。唐代の舞踊に綢舞《チョウウ》というのがある。長い絹布を振り回して踊っているので、綢は古代から知られている絹布である。

いまは呉服屋といっても、日本と同じように大小の区別がある。呉服屋はどの土地へ行っても、そうちっぽけな店は少ない。だいたい二、三百年の歴史をもつ店が普通であるので、松坂屋、三越、白木屋、高島屋など比較にならない。ただし日本から輸入した品物がたくさん並んでいて、中国のお土産品とおもって買ってくると、日本製の文字を見て、あいた口がふさがらなくなる。

図には龍を一つしか描いていないが、二つ並んでいる。両方の入り口から往来へ出ているものもある。だいたい、二匹の龍が口に含んでいる龍珠という玉と戯れる図案が好まれる。龍には雨を降らせる霊力があり、古代において旱魃《かんばつ》になると、人々は祭壇に龍王を祭って、祈祷したといわれる。

緞子（どんす）　紋織物の一種。繻子の絹織物で、地が厚く光沢もある。　**繻子**（しゅす）　布面がなめらかで艶があり、縦糸または横糸を浮かした織物。　**龍**　雨乞いには　藁で龍を象ったものが多くつくられる。龍は龍神といわれる。日本古典文学でも「にわかにかき曇り、神鳴り震動」すると龍の登場となる。

綢緞布莊

衣服屋【衣《イ》舗《プウ》】

看板は長さ三尺、幅二尺ぐらいで、すべて布で、着物をそのままの形で示している。文字は店によって違いがある。衣服屋といっても、古着屋ではない。この看板に似たものに染物屋がある。

古着屋　着て古くなった衣類を売る店。古道具や古い器物を売る古手屋（ふるてや）でも衣類を売った。

染物屋【染《ルアン》坊《ファン》】

実物の衣類の看板を出しているが、この実物は看板用ではなく、「自分の店で扱っている客の着物である」といわれて呆れる。染物屋には汚染《しみ》抜きと洗い張《ば》りが日本と同じようにある。

染物屋は染坊、染房《ルアンファン》、染戸《ルアンフウ》などといっている。房というのは、店または工作所、工房のことをいう。汚染抜きは、白い膏薬みたいなものをべたべた付けている。これは中国流のもので、部分の汚染抜きであるので部分洗いである。専門繊維舗という看板が出ていると、染物の破れを繕《つくろ》うこともする店である。

洗い張り　着物をほどいて洗い、糊をつけて板に張ったり、伸子張（しんしばり。両端に針のついた竹製の細い棒）にして干すこと。

批
發
新
衣

仕立屋【成《チョン》衣《イ》局《ジュ》】

長さ四、五尺、幅一尺五寸ぐらいで、白地の布切れに黒文字で書いてある。何々局とあると、なにかお役所みたいである。「つぼね」と読めば、美しい女の人でもいるようだが、残念ながらあまり美しくない仕立屋さんである。成《チョン》衣《イ》舗《プウ》、成《チョン》衣《イ》匠《ジアン》というところも、仕立屋か裁縫《さいほう》店である。

日本のご婦人は、貴賎貧富の別なく、裁縫の心得はあるが、中国のご婦人は針を持つ術を知らないのが多いので、たいていの着物は、仕立屋さんのご厄介になる。近ごろ、表看板は昔通りの古風なものであるが、ミシンを使っている成衣局があるので、これからはミシンの絵を看板に入れなくてはならないだろう。

日本と違って、胡座《あぐら》をかいて縫うようなことはしない。工房は竹棒を下げ、それに糸をさげる。下にはテーブルを置いて、立って仕立てをするのと腰掛けながら縫うものとの両方を併用している。中国服の仕立てはとても簡単なので、賃金は日本着物から較べると雲泥《うんでい》の差の廉価《れんか》である。

雲泥の差　大へんな隔たりのあること。雲は天にあり、泥は地にあることによる。　**廉価**　値段が安いこと。

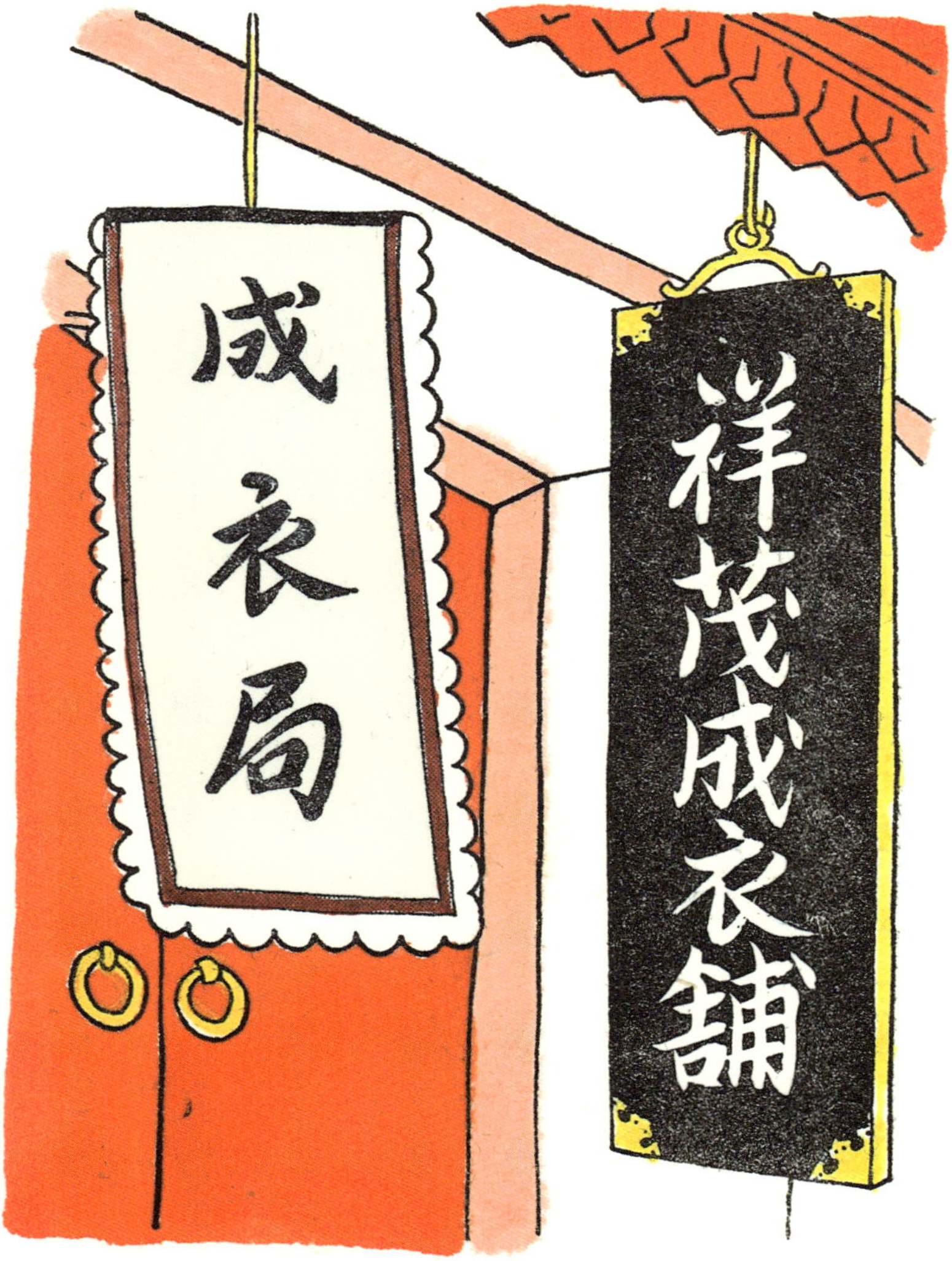
成衣局
祥茂成衣舖

葉茶屋【茶《チャ》荘《ジュアン》】

長さ二尺、幅一尺五寸、厚さ一寸ぐらいの黒塗りの板に赤色で茶荘とか茶葉荘《チャイエジュアン》、茶葉舗《チャイエプゥ》と書いてある。なかには店の入口にペンキで書いたのも見うける。

茶荘とは茶問屋、茶葉荘と茶葉舗は茶の葉を売る店である。お茶屋はどこでも立派な店構えをしている。目方売りのほかに包売りというのもやっている。粉ぐすりのように小さな紙包みにして、一包みを日本の二銭、一銭、五厘に相当する額で売っている。一般庶民の家では、この包んでいる安い茶を用いて、客が来ると一包みを茶瓶に入れて、熱い湯を注いで出す。

お湯も銅貨二枚で薬缶一杯買えるのであるから、庶民生活はなかなか便利である。銅貨十枚を日本円にすると、ちょうど二銭五厘に相当する。とても安いことがわかる。

また、茶館《チャグアン》という喫茶と演芸を楽しめるところがある。お茶を飲みながら相声（漫才）、芝居をみることができるので、ここで一日を過ごす人もいる。茶館でも二階があるのは、茶楼《チャロウ》といわれる。唐代（七六〇年頃）、陸羽が書いた茶の本は『茶経』として知られるものである。北京では、お茶しか出さないところを清茶館《チンチャグアン》といっている。

目方売り　秤売りのこと。　**包み売り**　紙包みは必要な量だけ飲むのに便利である。またお金が少ないときには、金額分だけを買えるので便利である。　**茶経**　茶の起源、製法、入れ方、飲み方、器具などをくわしく述べた最古の茶書。

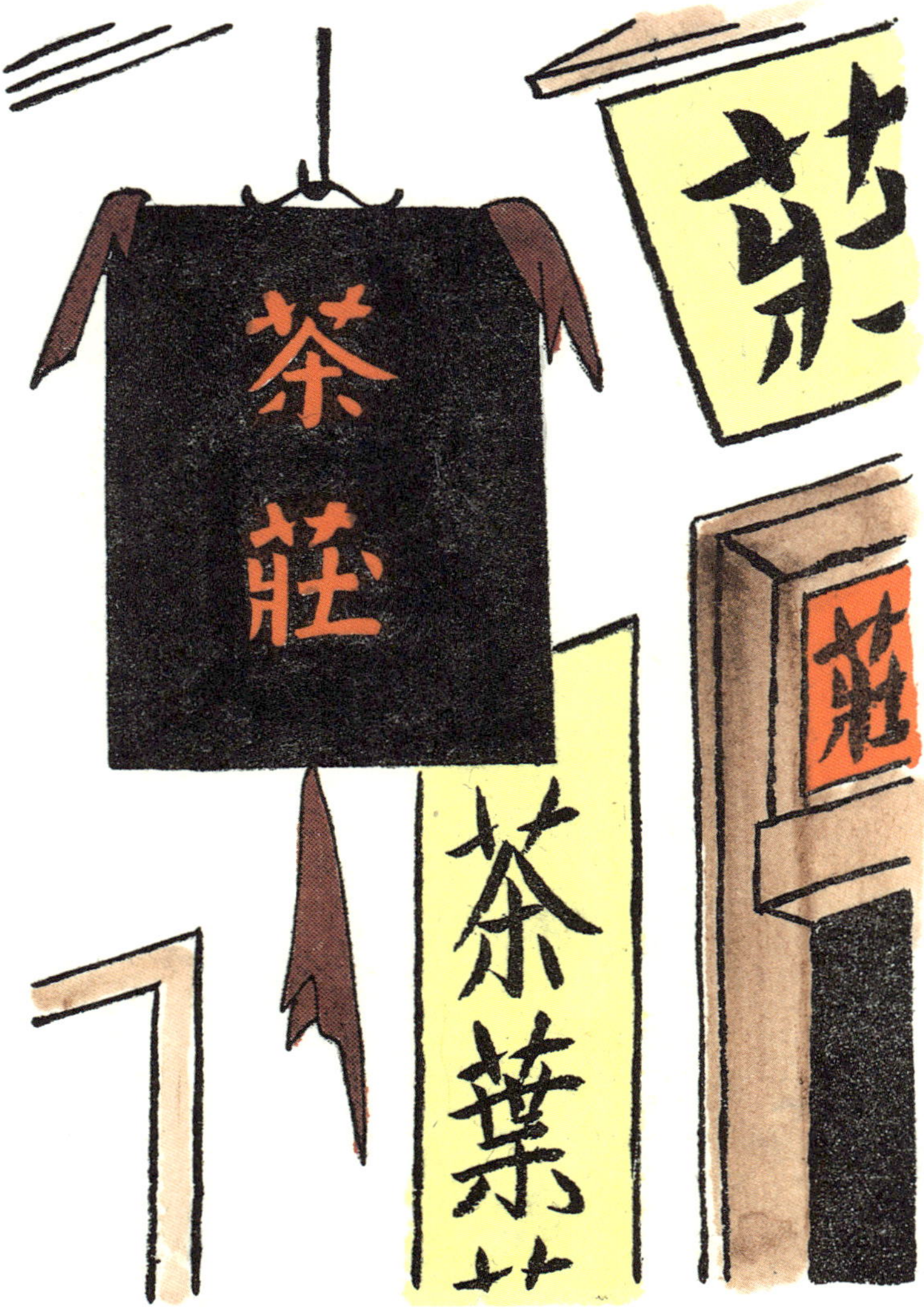
茶莊
茶葉

金銀細工屋【金《ジン》店《ディエン》】

金銀細工屋にも同じ看板が下がっていることがある。兌換《だかん》は取り替えることで、ここでは金を貨幣、紙幣に替えることとなる。しかも標金とあるから、金を高く買いますとなる。そのほかに、「金の塊《かたまり》、買います」と書いてある。かならずしも金の塊とかぎったわけではなく、金目のものなら何でもよい。日本なら「金、買います」というところである。

梳櫛屋【梳《シュ》子《ズ》舗《プウ》】

中国の梳《す》き櫛《ぐし》は、日本のものよりも歯が細かいのか、それとも材料の加減であるのか出来がよい。十三屋といって、九《く》と四《し》（櫛）を合わせて十三という数の隠語を用いた櫛屋が、いまでも東京や京都にあるが、それほどの洒落気は中国のご婦人方には通用しないとみえて、やはり実物の大きな櫛の模型を看板に出している。この梳き櫛は、いまでこそ女性専用になっているが、一昔前までは男性も弁髪《べんぱつ》のときに常用していた。

皮革屋【皮《ピ》子《ズ》舗《プウ》】

皮革類一切を売る店の看板は、実物の皮革を下げている。長い看板は長さ五寸、幅二寸ぐらいであり、短い看板は長さ二寸、幅一寸ぐらいのもので、いずれも白い皮である。この看板のある店は、鞣《なめ》す仕事をしないで、ただ売るだけを専らにしている店が多い。

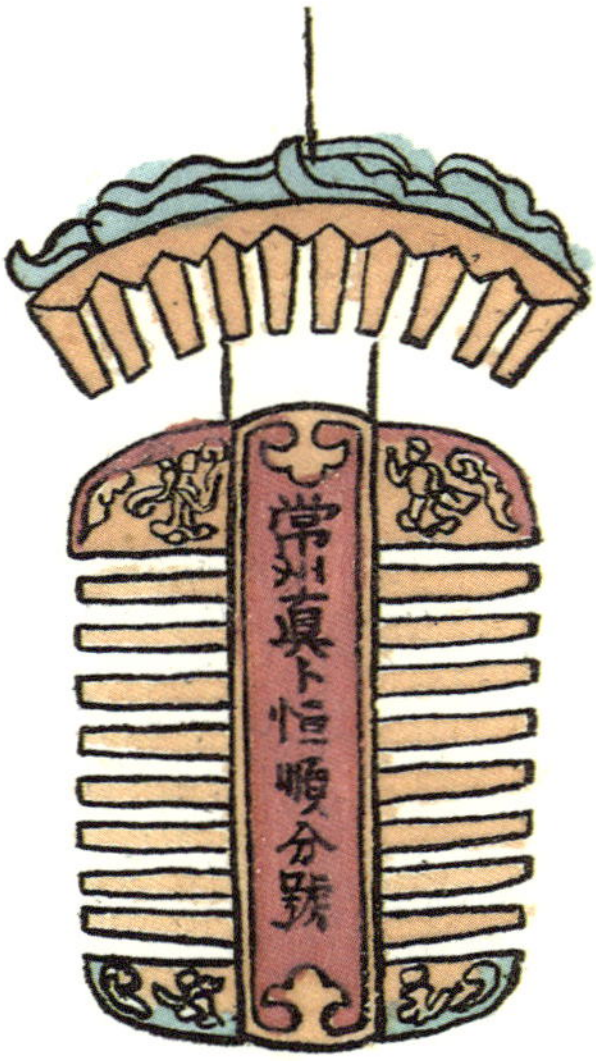
常州眞卜恒順分號

兌換
標金

荒物屋【粗《ツウ》細《シィ》雑《ザァ》貨《フオ》舗《プゥ》】

荒物屋というと麻、蓆《むしろ》、焼酒、煙草《たばこ》の葉などを売っているので、それらを並べた看板を下げている。煙草や焼酒はすでに描いたので、ここでは麻と蓆だけを描く。

また荒物屋の文字看板がある。ここにみる「義増咸」とは店の名前、「粗」は荒物のことで、米や麦粉も含んでいる。「細」は紙や糸線香を意味している。「襍貨」はそのほかのあらゆる雑貨をいう。「發行」は売場という意味で、物を印刷して出す発行のことではない。

麻苧《あさお》は長さ一間ばかりの実物を下げている。左図のように中途を縛ってあるものと、ただふさふさとして下げているものがある。蓆というのはアンペラのことをいう。別図（一四〇頁）に描いたアンペラは大きなものだが、ここのは小さいもので、心棒の立った台の上にクルクルと実物を巻いてある。看板としては簡単だが効果的である。

アンペラ　カヤツリグサ科の多年草。このアンペラ草の茎で編んだ蓆。

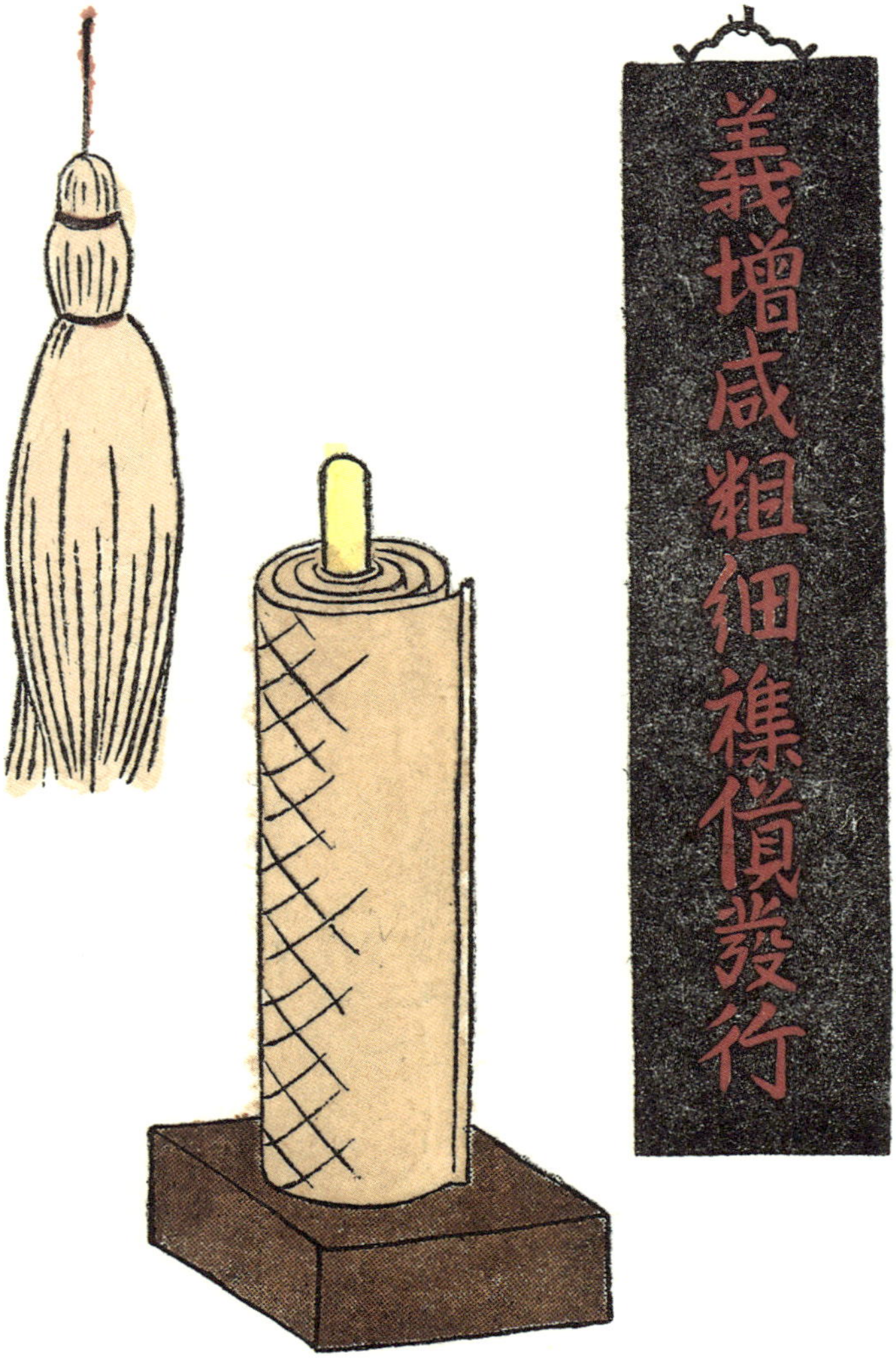
義增咸粗細襍價發行

写真屋【照《ジャオ》象《シアン》館《グアン》】

北京あたりでは、図のような古風な看板をみたことがない。しかし、地方へ出ると、まだ目につくことが多い。旅行者にとっては面白い看板である。

写真屋では、主人が「焼付けを暗光《アングアン》（艶消し）、亮光《リアングアン》（艶出し）のどっちにしますか」とかならず聞いてくる。中国人は亮光をたいてい好むという。あのピカピカとするところがお気に召すらしい。

中国でも満洲でも、名所にかぎらず街の中でも、大道写真屋が出張っている。背景の用意までしたのがあって、早撮り写真をしてくれる。写真を取ると、撮影機の中へ手を突っ込んで、そこで現像してから、外のバケツで水洗いして、新聞紙の上へのせて出す。このあいだせいぜい十五、六分である。これは直写《じかうつ》しという乾板《かんぱん》がない形式のものである。旅行者には、この方が安くて、手っ取り早いので、照象館のご厄介にはならない。写真屋の撮影場を覗いてみたら、まだまだ設備においては、お話にならない。

出張っている　張り店を出していること。**乾板**　硝子などの透明な板に感光乳剤を薄くぬって、乾かした写真感光板。**お話にならない**　話すほどの価値がない。ここでは立派ではない、劣っている意を含めていう。

影像

粉屋【磨坊《モファン》】

日本の流行唄《はやりうた》のはやし言葉に「オイトコソーダヨ」というのがあった。

〽オイトコソーダヨ、粉屋の娘が別嬪《べっぴん》で、

その娘のためなら手鍋も下げて、いばら背負《しょお》うという男がある

と歌っている。粉屋踊りで、若い娘に扮した男性が、白化粧に赤い頬紅をつけて、手振りをまじえておかしく踊る。中国の粉屋を覗いたが、あいにく手鍋を下げるような美人は見当たらない。もっとも家付きの娘は、そうやたらに店などへ出てこない。

中国人の常食である小麦粉、玉蜀黍《とうもろこし》粉、饂飩《うどん》粉を売る店を磨坊という。もちろん小売りばかりではなく、製造もしている。製粉工場のことは磨房《モファン》という。

看板には、柳条製の籠に紙を貼ったものを下げた看板、瓢箪の下部の大きいところを切ったものに白紙を貼った看板、板を切り抜いた看板（左図）の三通りがある。柳条製の籠は、右図を逆さまにしたともえば間違いない。これは饂飩《うどん》を揚げる籠を表わしたものであるといわれる。饂飩粉と縁があるので、なかには粉屋と饂飩屋を商売しているのがある。

オイトコソーダヨ　おいとこ節、そうだよ節のこと。粉屋踊り、万作踊り、飴屋踊りに唄われる踊り唄。オイトコは白枡粉屋の美人娘の名前。

古米屋【老《ラオ》米《ミ》店《ディエン》】

清代、北京へ送る年貢米は通州や北京周辺の倉庫に蓄えられた。この米が黄色くなったのを老米という。『和漢三才図會』では、古くなった米は陳倉米《ちんそうべい》といい、「久しく倉に入れて陳《ふる》く赤きもの」と記している。この米を蒸したものは、たいへん消化にいいといわれ、火に蒸すので火米といった。また、お粥にすると味が淡々としてとてもうまくなる。本格的な中国粥は、この米でつくらなくては駄目だという。また、胃病、霍乱《かくらん》、消渇《しょうかち》によいといわれている。さらに黄柏汁《こうはくじゅう》というのに浸しておけば、赤くならず百年たっても新しいものと同じで、戦争のときはさかんに用いられたという。

和漢三才図會　寺島良安著。正徳年間刊。巻第百三「穀類」。中国明代の王圻の『三才図會』に倣って編んだ、日本で最初の図入り百科事典。**霍乱**　中国医学ではコレラ。**消渇**　中国医学では糖尿病。**黄柏**　黄檗《おうばく》の俗称。ミカン科の落葉樹で大小になる。漢薬で樹皮のことを黄柏といい、苦味があり、健胃薬に用いる。きはだ。

粳米屋【粳《ジン》米《ミ》店《ディエン》】

粳米《うるち》と書くところは日本と同じである。粳の稲なるものである。古い名は「うるしね」といっていた。うるちが「うるしね」の転訛であることは知られるところである。中国で「うるち」といえば、普通の食用の米であり、糯米《もちごめ》に対していう。

粳　炊いたときに、ねばりけが少ないもの。「うる」ともいう。

薬屋【薬《ヤオ》舗《プウ》】

一間半ほどもある張子《はりこ》の龍が軒先から出ている。龍は吉祥の縁起をかついだものである。私が見たのは、魚がくっついていた。中国語では、魚は富裕、裕福の裕（ユ）と同音であり、やはり吉祥を表象しているので、めでたい。龍の爪に下げられた看板には「虎鹿薬酒」という文字が見える。虎の骨と鹿の角を入れてつくった酒であり、いかなる病気でもたいへん効くのだといわれている。薬舗は漢薬店が薬を調剤するところである。

別の三枚の看板は、薬屋の軒下に下がっているもので、決まりきったような文句ばかりである。「梅鹿茸片」は鹿茸《ルウロン》という鹿の袋角を切り取って入れたものであり、「官揀人参《グアンジアンレンシヨン》」は選び抜かれた最高級の人参のこと、「暹羅犀角《シエンルオシィジュエ》」は暹羅《シャム》（現在のタイ国）の犀牛の角を薄く切り取り、酒に入れたもので、解熱剤として知られている。いずれも文字通りの薬名で、漢薬の一種である。ほとんど手に入らないものなので、そうした酒を飲むとありがたい気になるらしい。

薬というものは、なにか物々しい肩書をつけなければ効かないと客におもわせないと売れないものである。もちろん、薬を飲めば、どんな病気でも治るという藥到病除《ヤオダオビンチュ》の言葉は、薬屋のいわば常套《じょうとう》文句である。どんな商売でも、宣伝はなかなか行き届いたものである。

犀角　犀は水牛に似た鼻端に一本の角がある。この角は古来薬用とした。**暹羅**　シャムロ。シャム。タイ国の旧称。暹国と羅国が合体して一国を形成し、暹が吸収した。**何だかんだ**　何だ彼んだ。あれこれ。ああだのこうだの。

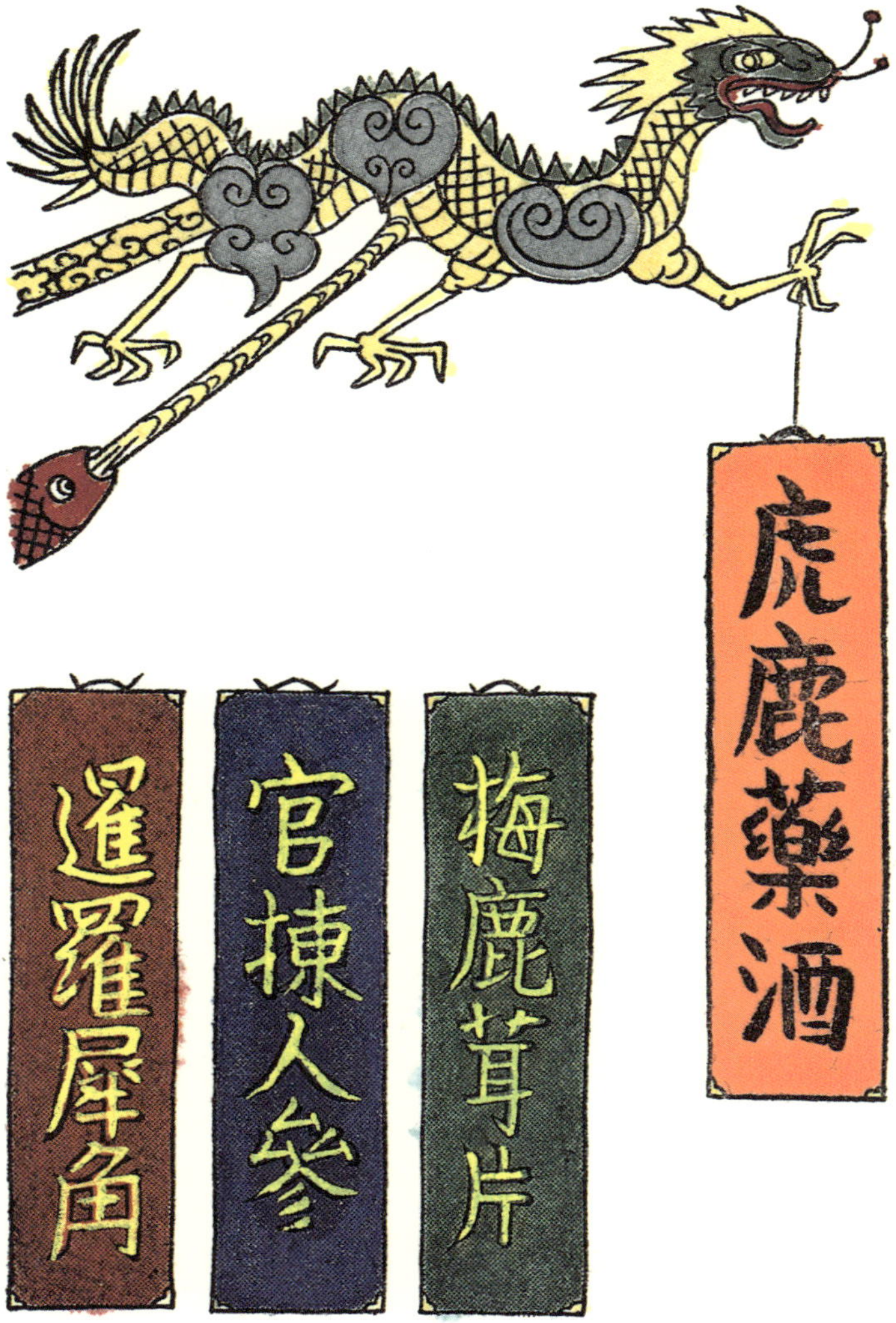
虎鹿藥酒
梅鹿茸片
官揀人参
暹羅犀角

饅頭屋【饅《マン》頭《トウ》子《ズ》】
餅屋【餅《ビン》子《ズ》】

農工労働者を相手に商売している饅頭屋と餅屋の看板である。饅頭というのは、ふかふかした饅頭で、中身は何も入っていないものである。餅子というのは、小麦粉をこねて、円盤状にしたものを平たくして、鍋で焼いたり、蒸したものである。厚くて大きいのを大餅《ダビン》、家常餅《ジャチャンビン》、薄くて大きいのを荷葉餅《ホイエビン》、小さくて柔らかいのを薄餅《パオビン》、焼鴨を包んで食べる、きわめて薄いのを春餅《チュンビン》、炒肉絲《チャオルウオス》を包んで食べる、長方形の固いのを焼餅《シャオビン》などと、大きさや中身によって名が違ってくる。

労働者は焼餅や饅頭に、にんにくと味噌をつけて、ご飯の替りにしている。饅頭は一般の料理屋でも出している。料理屋に行くと、注文もしないのに饅頭がたくさん出てくるが、客は食べたいだけ取ればいいのであって、あまっても会計の方は心配する必要はない。食べた数しか会計に記入しないので安心である。「こんなに注文しないのに、けしからん」とおもって、腹のなかで算盤《そろばん》をパチパチとはじくような、けちな真似はご無用である。餡の入った饅頭だって同じように食べた分だけ払えばいい。

けちな心　しなくてもいい計算。くだらない考え。

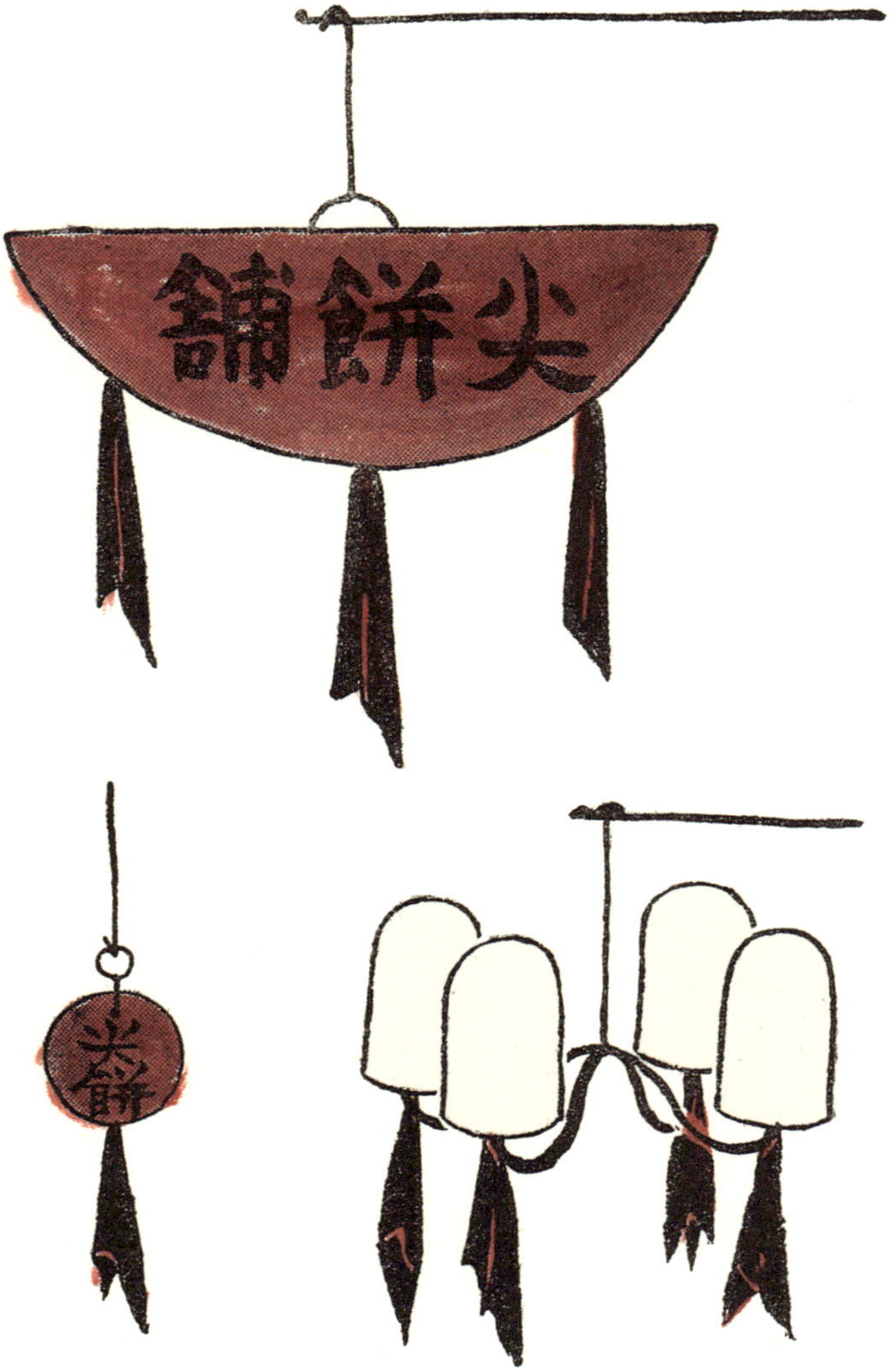
尖餅鋪
尖餅

酒屋【焼《シャオ》酒《ジィウ》房《ファン》】

焼酒は高梁《ガオリアン》を材料とした、精度の高い酒のことであるので、小さなグラスで少しずつ飲まなくてはならない。それを知らないで飲むと、喉がやけどするほど熱くなる。この看板は酒もつくっていて、また小売りもするという店の目印である。長さ二尺、幅一尺五寸ほどある板を赤く塗って、その店の名前が黒文字で書いてある。

高梁　こうきび。もろこし（唐黍）のこと。コーリャンと呼ぶ。

薬酒屋【薬《ヤオ》酒《ジィウ》房《ファン》】

薬酒は漢薬を入れた酒のことである。高梁酒《こうりょうしゅ》に各種の薬材を加えてつくった酒で、虎骨酒《フグゥジィウ》、五加皮《ウジィアピ》、玫瑰露《メイグオイルゥ》などの上等な酒を売っている。こうした薬酒を醸造《じょうぞう》し、また小売りする店の看板である。赤ベタの長さ二尺、幅一尺、厚さ一寸ぐらいの瓢箪形の板に、金色で筋を入れてある。

醸造　発酵作用を応用して製造すること。　**ベタ**　隙間なく全体にわたること。ここでは赤色のべた一面のこと。

萬源酒店

雑貨屋【雑《ザア》貨《フオ》舗《プウ》】

荒物屋と紙一重の品物を売っている。なかには同じ物もあるくらいである。葫蘆儿《フウルウア》（瓢箪《ひょうたん》）の形をした看板は、日本でいう「瓢箪から駒が出る」という吉祥を表象したもので、左図のように、先端から出ているのは、甘露《かんろ》の流れになぞらえたものだという。また、除夜《じょや》のとき、瓢箪の形を赤い紙で切ったのを軒口に貼って、魔除けにも用いている。魔を避けて商売が繁昌するという駆邪招福のシンボルなので、瓢箪はよく看板に使われる。板製の看板で、長さ二尺、幅八寸、厚さ二寸であった。

ところで、この雑貨屋の売るものは小麦などの粉類、油、米、酒、漬物などである。赤色の瓢箪と緑青色の帯口、そして甘露の流れの飾りは、どうしても目につく形である。

右図は、黒地に黄色で瓢箪が描き表わされているだけの簡単な看板である。これは高さ二尺、幅一尺ほどの板製である。また、下図のように、瓢箪を大きくして、台座をつけて地面へ立てかけたものがあった。そこには店で販売する品目が書き込んである。

紙一重　紙一枚の厚さほどの、ごくわずかな隔たりのこと。**甘露**　天子が善政を行った治世が太平になると、天が降らせたという甘い露。また、サンスクリット語の訳語で「不死、天酒」と訳される。忉利天（とうりてん）の甘い霊液で、よく苦悩をいやし、長寿を保たせ、死者を復活させるという。**赤い紙**　赤は魔除けの色といわれる。

油米
面酒
秋菜
小乳
李發號
賣
香油
精酢
醬油

焼酒屋【焼《シャオ》酒《ジィウ》舗《プゥ》】

大きいのは一尺五寸ぐらいの丸形で、錫でつくってあったり、銅でつくってある。上図の二つがそれである。こういう形のある店舗は、焼酒を製造している。下図の二つは、だいぶ形も小さくなっていて、雑貨屋または料理屋の軒下に下がっている。これは販売する店舗の看板である。いずれにしても、焼酒を入れる器をもって表わしている。区別は大小で覚えるほかにない。

焼酒とは蒸留酒のことであり、一般には白酒《バイジィウ》あるいは白乾酒《バイガンジィウ》と呼ばれるように、無色透明の高粱酒で、大衆的な酒である。白乾酒の幹とは、水分が少ないことをいい、それだけアルコール度が高く、だいたい五十度から六十度ある。かなり高いアルコール度であるが、北京や東北地方では、身体を温めるにはちょうどいいらしい。日本でいう焼酎はこれに属するものである。

製造元ではけっして小売りはしない。ヘタにいうとドヤされるそうである。縁起のよい言葉をいって、「利き酒《きざけ》をさせてくれ」といったら、製造場でふんだんに飲ましてくれたという話がある。かつぎ屋の多い中国にはありそうなことである。

ドヤされる　ぶんなぐられる。しかられる。打たれる。　**かつぎ屋**　担ぎ屋。縁起をひどく気にする人。

肉屋【肉《ルウオ》舗《プウ》】

この燈籠《とうろう》は俗に肉舗燈籠といわれているもので、これを見れば肉屋と一目でわかる。看板の醤肉という文字は、醤油で煮込んだ肉を売っていることを表わしている。日本の肉屋というと牛肉、豚肉、鳥肉、馬肉などをいうが、中国では牛肉、馬肉とご縁が少ない。そのかわりに、家鴨《あひる》の肉がさかんに食される。この店では豚、鶏、家鴨など何でも売っている。

仏具屋【香《シャン》蠟《ラ》舗《プウ》】

神仏に供える線香、蠟燭、香木《こうぼく》などを売る店である。日本でいう仏具屋と少し意味が異なっている。看板は七宝と呼ばれるもので、仏前の装飾品で、なかなか精緻《せいち》を極めた彫刻である。線香や香などを表現するのはむずかしいので、こうしたもので表わしたと見てもよい。

大きな寺廟に行くと、いろいろな線香があるのに驚かされる。渦巻状の盤香《バンシャン》、太い棒香《バンシャン》、棍香《グンシャン》などがあり、寺廟の天井から吊るされた盤香は、燃え尽きるのに数時間もかかるほどの線香であるが、人々の願いは香煙とともに天に届くのであろう。

香蠟舗といえば、香蠟紙馬《シャンラジィマ》という言葉があるように、線香、蠟燭、紙銭、紙に印刷した神像など、神仏の供養に用いるものを売っているところとおもえばいい。

七宝　七宝石は金・銀・瑠璃・硨磲（しゃこ）・瑪瑙・琥珀・珊瑚。または真珠・頗梨（はり。水晶か硝子）を加えたものともいう。

醤肉

薑屋【薑《ジアン》舗《プゥ》】

薑とは生姜《しょうが》のことである。中国料理においては、香の物の一つとして常用されている。日本でいう紅《べに》生姜《しょうが》は、中国では封薑《フォンジアン》といわれている。鮮薑《シエンジアン》は生姜、干薑《ガンジアン》は干姜である。

竹細工屋の看板のように、竹で編んだ円形のなかに「自置鮮薑」と書いてある。これは「薑あります」ということである。日本のように小さな字で書かないでいるところが、いかにも大陸風である。

香の物　漬物。こうこ。**紅薑**　紅生姜。梅酢につけて赤くしたしょうが。**竹細工屋**　竹を使って籠や笊などを細工したものを売る店、またはその人。

漬物屋【醤《ジアン》園《ユエン》】

野菜の醤油漬けや味噌漬けなどを売る店の看板である。柳条製の籠に紙を敷き、油を塗ってある。油壺舗（六〇頁）のところで書いた籠の製法と同じである。この籠のなかへ漬物を入れて売ることもする。漬物がほしいときは、使いの者に家の籠を持って買いに行かせる。

看板の大きさは五寸ぐらいのものである。醤油漬けであるので、こぼれて他を汚さないようにするため、こうした入れ物ができているところは、なかなか気のきいたものである。

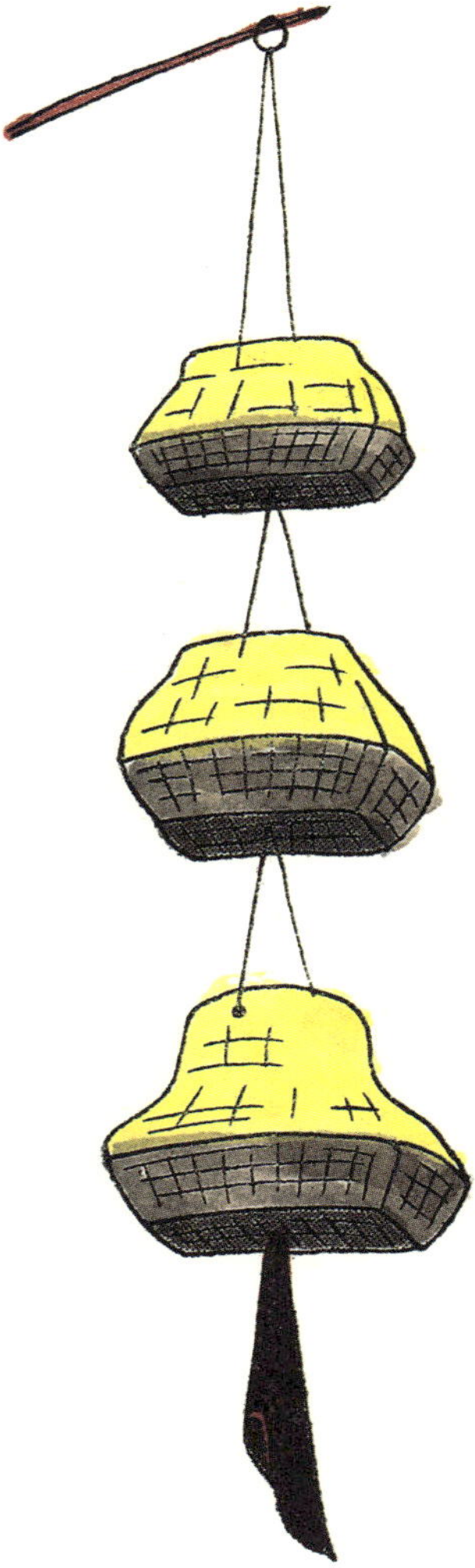

自
置
鮮
薑

綿屋【棉《ミエン》花《ファ》荘《ジャン》】

楕円形に綿を丸めて、横中央を赤い布で帯にしている。蒲団の中身は、長方形の綿を網で包んで、それをいくつか重ねて布《きれ》を被《かぶ》せてあるというので、この看板も網を被せてある。

綿屋　綿入れした着物、布団、座布団などに入れる綿を売る店。綿はインド、エジプト産。種子は白色の長い毛につつまれ、その毛が紡績に用いられる。

穀屋【糧《リン》舗《プゥ》】

穀物類を取り扱う店は、その品物の大小によって名前を別にしている。大量に扱う問屋を糧舗といい、小売りの店は糧店《リンディエン》、糧房《リンファン》、糧坊《リンファン》といっている。糧桟《リンジャン》というと、その道の商人も宿泊させる宿屋を経営しているところである。

この看板は糧店の標識であり、枠《わく》に布を張り、木目《もくめ》を描き、枡の形にしたものを吊り下げる。これは「枡で量って小売りいたします」という意味である。

穀屋　稲、麦、粟、黍、豆などを扱う店。

馬具屋【鞍《アン》韂《チャン》舗《プゥ》】

馬具屋ではさまざまな馬の道具を売っている。鞭《むち》、革紐、馬の首下につける鈴もある。満洲の北方へ行くと、鞭を扇形にした看板がある。図は革紐の看板である。革紐だけだと鞣《なめしがわ》革屋にも通用するが、鞣革屋のものとは少々異なるので、やはり馬具屋である。

房飾屋【套《タオ》纓《イン》舗《プゥ》】

套纓というのは、房のような飾りを馬具につけることをいい、別名套包子《タオパオズ》といっている。馬具のなかでも、とくに頸《くび》や尻につける房飾《ふさかざ》りを売っている。看板に出ているのは、馬の頸につける飾りの房で、実物看板の一つである。下に紅布をつける代わりに、赤い毛の房をつけているのが面白い。

こういう特殊なものは、都会ではすでに必要としなくなったので、町はずれか田舎に行かないと見ることができない。田舎の街へ行くと、威張って街の中央に店を構えている。

弓屋【弓《ゴン》箭《ジエン》舗《プゥ》】

戦国時代ならおかしくないが、現代には少し時代の隔たりがありすぎる感じがしないことはない。昔、城を攻めるときに用いられた弓を弩《ど》といい、俗に弾弓《だんきゅう》といった。奈良県の正倉院に、弾弓図というのがあって、漢代の散楽《さんがく》（アクロバティックな曲芸の演技）を描いている。これは普通の弓である。弩とは異なる。中国でいう弩弓《ヌゥゴン》は、古代、西方の民族から伝えられた簡単な機械仕掛けの兵器である。照星《しょうせい》、照尺《しょうしゃく》、弾丸までついているので、まるで鉄砲と同じである。かささぎ（鵲）そのほかの小鳥を射るとき、かなりよく命中するという。左図はさらに簡単にしたものである。店によっては、右図のように、心棒の中央を吊るして、飛行機状にしたものもある。いまは猟師をのぞいて、遊人の持ち物とされている。

弩　バネ仕掛けで矢や石を発射する大きな弓。いしゆみ。おおゆみ。**照星**　銃の照準具の一。銃口の近く、銃身に定着した三角形の断面をなす小片。**照尺**　銃の照準具の一。銃身の手前にあり、表尺板、遊標、照門の三部門からなる。**弾丸**　古代中国では小鳥などを捕らえるのに弾き飛ばした小さな丸いもの。

牛角細工屋【牛《ニウ》角《ジアオ》作《ズオ》房《ファン》】

牛の角を材料にして品物をつくる細工屋である。歯刷毛の柄が主なるものなので、看板には歯刷毛が下がっている。丸状のものは、服飾の飾りに使うものである。細工屋は作房ともいわれる。

歯刷毛　歯ブラシ。歯を磨くのに使う、柄のついた小さな刷毛。

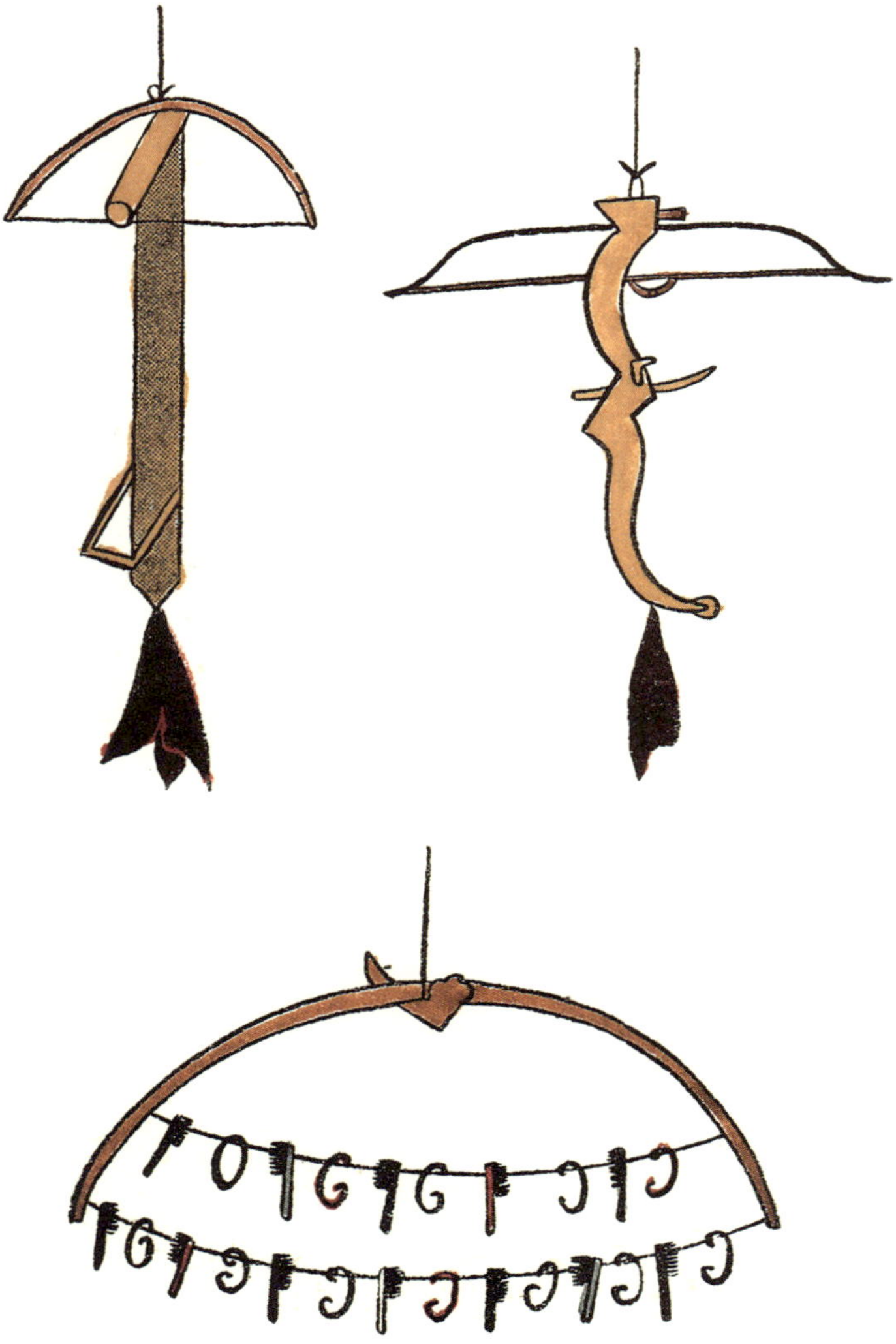

獣 医【獣《ショウ》醫《イ》椿《ジュアン》】

獣医は馬をつなぐ杭を立てたのを目印にしている。一昔前は、馬が交通の手段であるので、杭を看板にしているのである。馬が病気になれば、生活もできなくなるので、獣医はたいへん重宝がられたという。

看板は高さ一丈五尺、幅一間ぐらいで、牛や馬を縛る紐を下げている。杭は主として赤い色で塗られる。こうした看板を立てているところが獣醫椿である。椿というのは、この杭を立てて家畜を繋いだ設備のことで、このことから獣医院となった。この看板をたんに椿とも呼ぶ。

近頃は、獣医ばかりでは生活ができないと見えて、蹄鉄屋《ていてつや》（馬掌房《マジャンファン》）を兼業しているところが多い。なかには「世傳専療騾馬一切病症」と書いたのもある。累世馬類一切の病症を専門に治療するということである。

蹄鉄屋　馬の蹄（ひづめ）の底に打ちつけ、蹄の摩滅を防ぐための鉄の金具。馬蹄（ばてい）ともいう。

鞍 屋【鞍子舗《アンズプウ》】

軒下または軒上高く、木製の鞍が下がって、誰にでもわかるよう、雄弁にこの店の商売を示している。南船北馬《なんせんほくば》といわれるだけに、北中国では馬具の需要はまだまだある。馬車《マチョ》が交通機関である。また驢馬《ルウマ》（ロバ）もある。何にしても田舎へ出ると、まだ自動車では通行できない道が相当あるので、馬によるか歩くよりほかに交通手段はない。

この鞍の看板は、赤色に塗ってある。これでも気がつかない人があると見えて、今度は入口の土間のところに、ラシャ製の鞍をかけて置いてある店があった。地上から四尺ほどの高さである。皮製の紐が下がっていて、赤い鞍と比べると、だいぶ値段が高そうである。どっちにしても鞍子舗には違いない。

雄弁に　ここでは堂々と、力強くという意味の使い方。**南船北馬**　絶えず方々に旅行をすること。中国の南部は川が多いので船で旅をし、また北部は陸が多いので馬で旅をすることが多かった。それぞれの船、馬が、第一の交通機関であったことによる。**ラシャ**　羅紗。羊毛で地の厚く、密な毛織物。ポルトガル語のraxa。

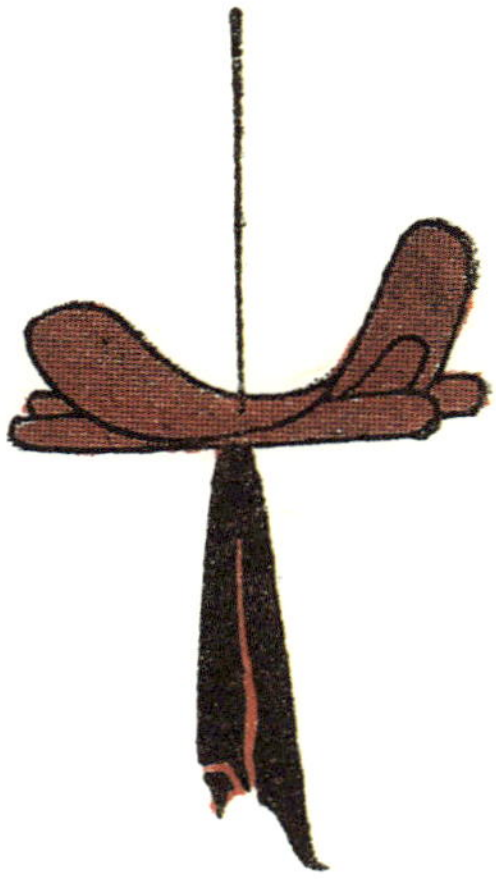

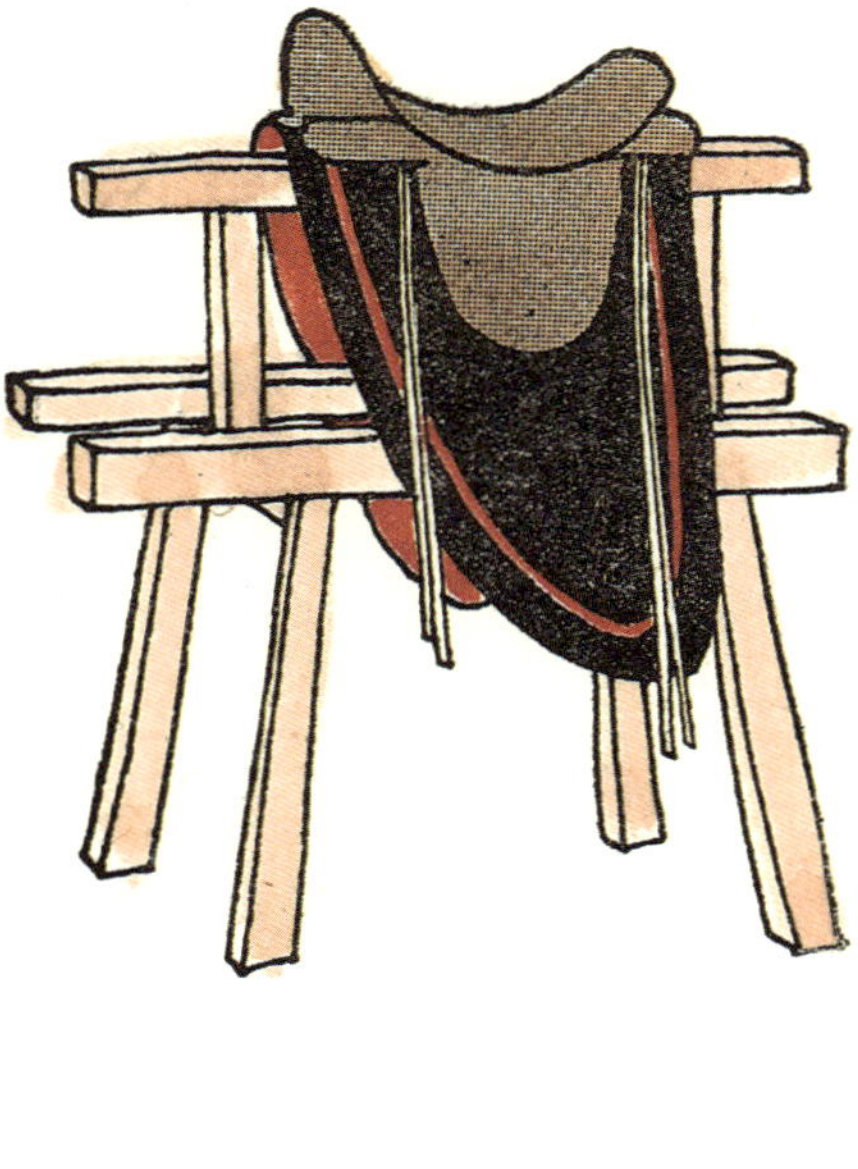

轆轤細工屋【鏇《ジュエン》床《チュアン》子《ズ》】

日本でいう木工《もっこう》細工屋である。鏇床とは轆轤《ろくろ》のことである。麺棒《めんぼう》から碗類、机の脚、柱の飾り、子供の玩具までつくる。木工家具類一切を製造し、また販売もするので、看板だけでは判じきれない。

轆轤　轆轤鉋のこと。軸の端に刃を取りつけて、軸を回転させて材料を丸く削る工具。

刷毛屋【刷《シュア》子《ズ》房《ファン》】

実物の刷毛《はけ》や刷子《ブラシ》などが吊るしてある。一尺五寸ぐらいの板に針金で吊るしてあるので、風があると空中でお互いにぶつかって、異様な音を立てている。

刷子　刷毛と同じであるが、塗料などを塗るために動物の毛などを束ねて柄を付けた道具が刷毛で、植物繊維・獣毛などを柄の先につけたものがブラシであるのを分けていったとみられる。

画工絵師【畫《ファ》匠《ジアン》】

「畫のことは一切いたします。そのほか室内の壁紙張り、油塗り、絵や文字の裏打ち、畫は畫でもペンキ絵も描きます」と欲張った、よろず承りどころである。表具屋《ひょうぐや》の仕事までするので、大したものである。吃驚《びっくり》していたら、なかには葬具屋のお株をとって、葬儀のときに焼きすてる馬を製作している店があった。心臓の強い絵描きである。看板の馬というのは姓で、馬《マ》さんという畫匠の店である。

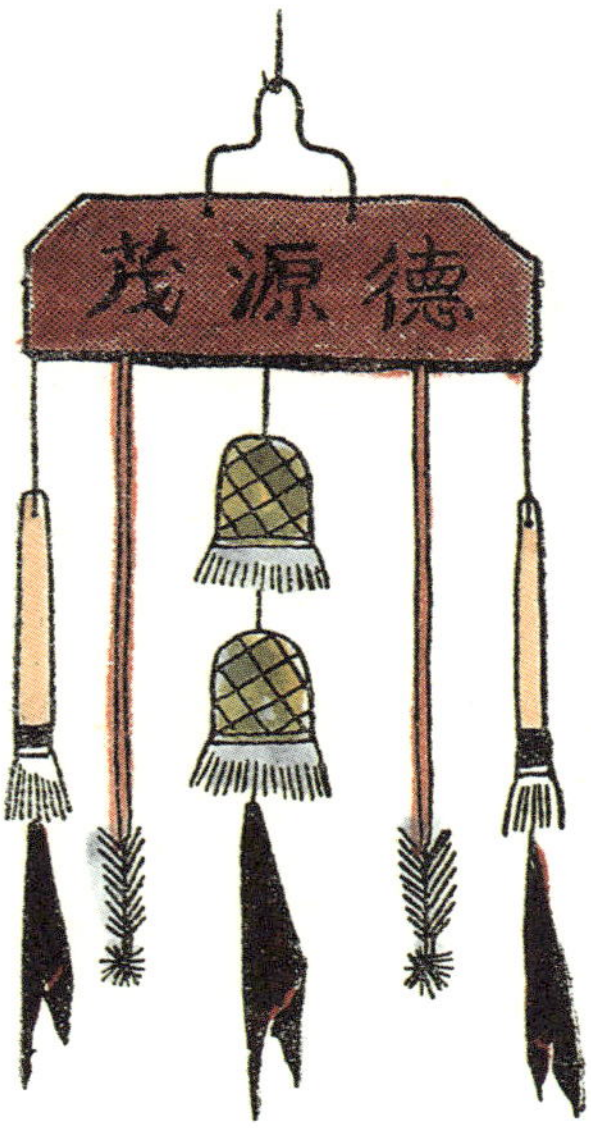
德源茂

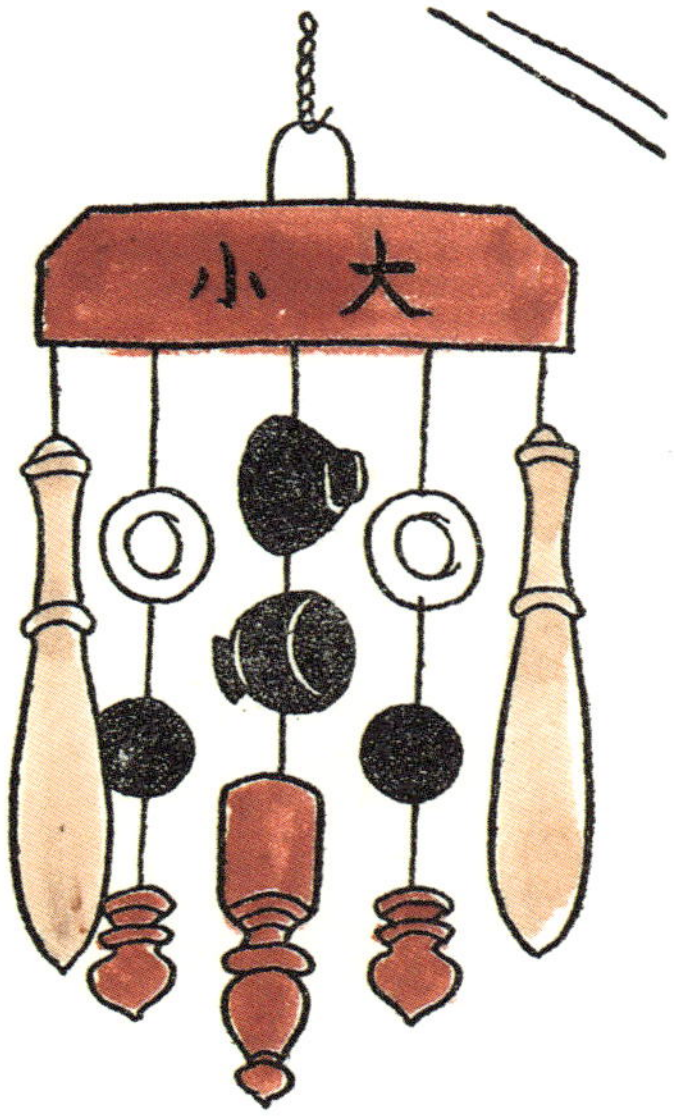
大小

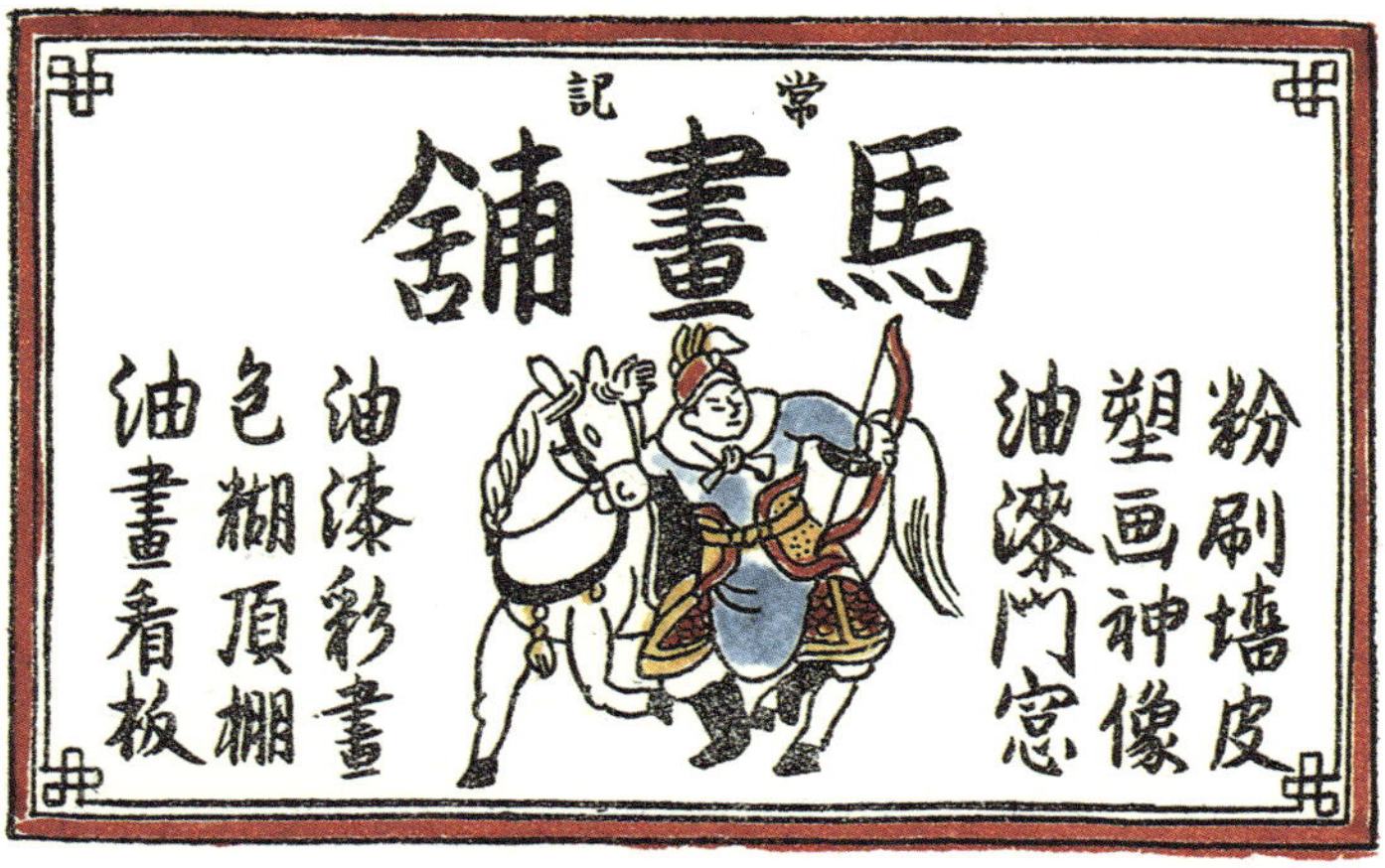
常記
馬畫舖
粉刷墻皮
塑画神像
油漆門窓
油漆彩畫
色糊頂棚
油畫看板

材木屋【木《ムウ》廠《チャン》】

たいへん立派な看板である。『三国志演義』や『水滸伝』にでも出てきそうである。この形のものは、俗に木牌坊《ムゥパイファン》という。かならずしも材木屋のみに使用するものではなく、有力者が威厳を示すために用いることもある。材木屋だから材木を並べなくてはならないという規則はない。何々組という土木請負業が立派なビルを建てて、事務をとっているのと同じ理屈で、この材木屋さんは材木を一本も置いてない。

この木牌坊は古い時代のもので、いまではわざわざ新しく製作する者もないと見え、いずれを見ても剥げちょろけたのが多く目につく。スケッチで見てもわかるように、相当に費用がかかりそうなので、その点でもいまはつくらないとのことだ。看板のなかでも元老格というところである。

三国志演義　明代初の歴史小説。作者は羅貫中である。魏、呉、蜀三国の史書に基づいて演義した戯曲作品。**水滸伝**　元末・明代初の長編小説を戯曲化した作品。作者は羅貫中という。**剥げちょろけた**　兀(禿)または兀(禿)頭を、兀(禿)っ頂(はげっちょう)、はげっちょという。それと同じように、すっかり元の状態ではないことをいうのだろう。

元老格　長老格とも。とても古い看板のこと。

裕新木廠

鞣革屋【熟《シュウ》皮《ピ》房《ファン》】

北京の冬はかなり寒い。ことに北の山寄りは、身を切られるようだという形容だけではすまない。立っていると、足の底から冷たさが身体へ上ってくるのがわかる。その防寒用の毛皮を漂白するのが、鞣《なめし》革《がわ》屋の仕事になっている。

犬の皮を狐に化けさせることも鞣革屋の仕事である。猟で射とめた獣の皮を持ってゆけば、ちゃんと仕上げてくれ、衣類の裏につける毛皮や帽子などの製造も、ご都合で引き受けるというから調法である。

上図は本物の羊皮を張ったのを看板としている。羊の毛皮は白いものだとおもうと、黒いものもあるのでまごついた。下図の右は、鞣した皮の紐を売っている看板で、片皮で張った太鼓状の下へ、一尺ほどもある毛をかもじのように下げている。

ご都合　ここでは金額次第の意味。　**かもじ**　婦人の髪に添え加える髪の毛。

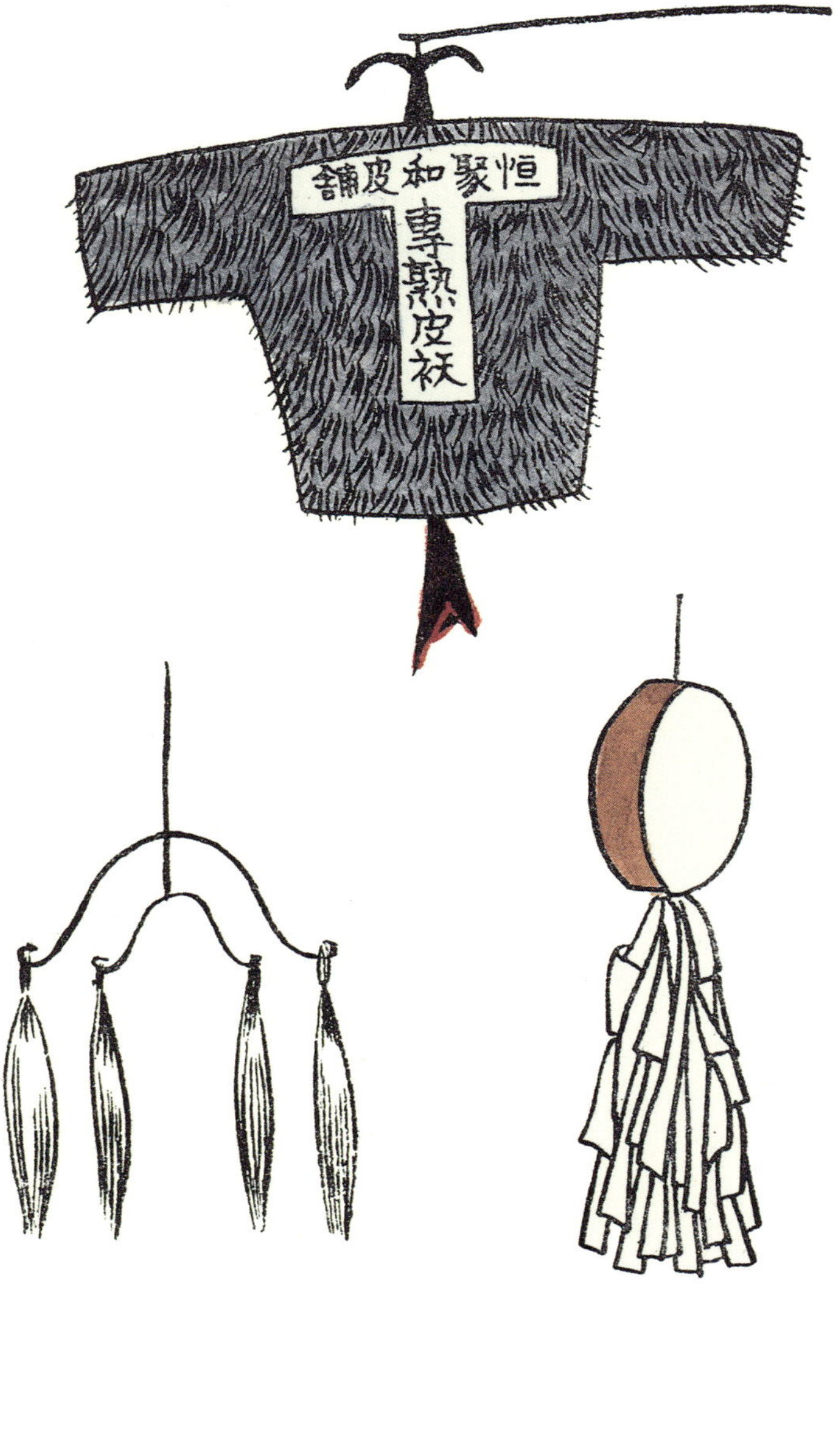
恒聚和皮舗
專熟皮袄

籠屋【筐《クワン》舗《プウ》】

籠《かご》屋といっても、人間を乗せる方ではない。柳条製の籠を売っている店の看板である。品物は確かで、値も安く、卸売《おろしう》りも小売りもすると書いた木札の下に、製品が下がっている。

昔から、柳条の籠の目は吉祥の象徴であるといわれる。目が細かいので魔除けになるからである。田舎の宿屋などで、籠を棒の先に掲げているのは、科挙《かきょ》の試験に合格を願ったものである。昔は受験生が争って、籠の下がっている宿屋に泊まった。縁起をかついだのであろう。

また、この柳條包《リィウティアオパオ》という手提げは、市場への買い出しには必要なもので、使用人の二の腕には、かならずぶら提がっているのを目にするほど、いまも需要がかなりある。

人間を乗せる　これは駕籠舁（かごかき）のこと。駕籠舁は駕籠を担ぐ人足をいい、「駕籠やろ」「駕籠やりましよ」と客に呼び声をかけた。駕籠屋ともいった。

貨真價實　鳳筐鋪　批發零售

ブリキ細工屋　【洋《ヤン》鐵《ティエ》子《ズ》房《ファン》】

一間ぐらいの長さに、ブリキ板を円形に切ったものを麻糸でつないで、中途に横棒を入れる。ちょいと凝《こ》っているように見えるが、よくよく見ると、随分ちゃちなものである。麻糸で一個ずつ瘤《こぶ》たんをつくって、結んであるところは、なんとも大陸的で、気の長い人間でなくてはできそうもない。

ブリキ一切の細工屋なので、やはり相当な需要がある。しかし、日本のように、ブリキ屋といえばトタン屋根、雨樋《あまどい》の製造屋かとおもうかもしれないが、中国では、トタン屋根も雨樋も必要のない家屋が多いので、なかなか商売にならない。やはり何といっても、ブリキ製の容器類が多い。

ブリキ　鉄板に錫を鍍金（メッキ）したもの。鉽力ともかく。オランダ語のblik。**ちゃち**　安く出来ている様子。安っぽい。つまらない。**瘤たん**　たん瘤と同じ。ふつうはこぶ。**雨樋**　屋根に流れる雨水をあつめて地上に流す仕掛けをもつ、主に筒状のもの。あまとい。あまとよ。

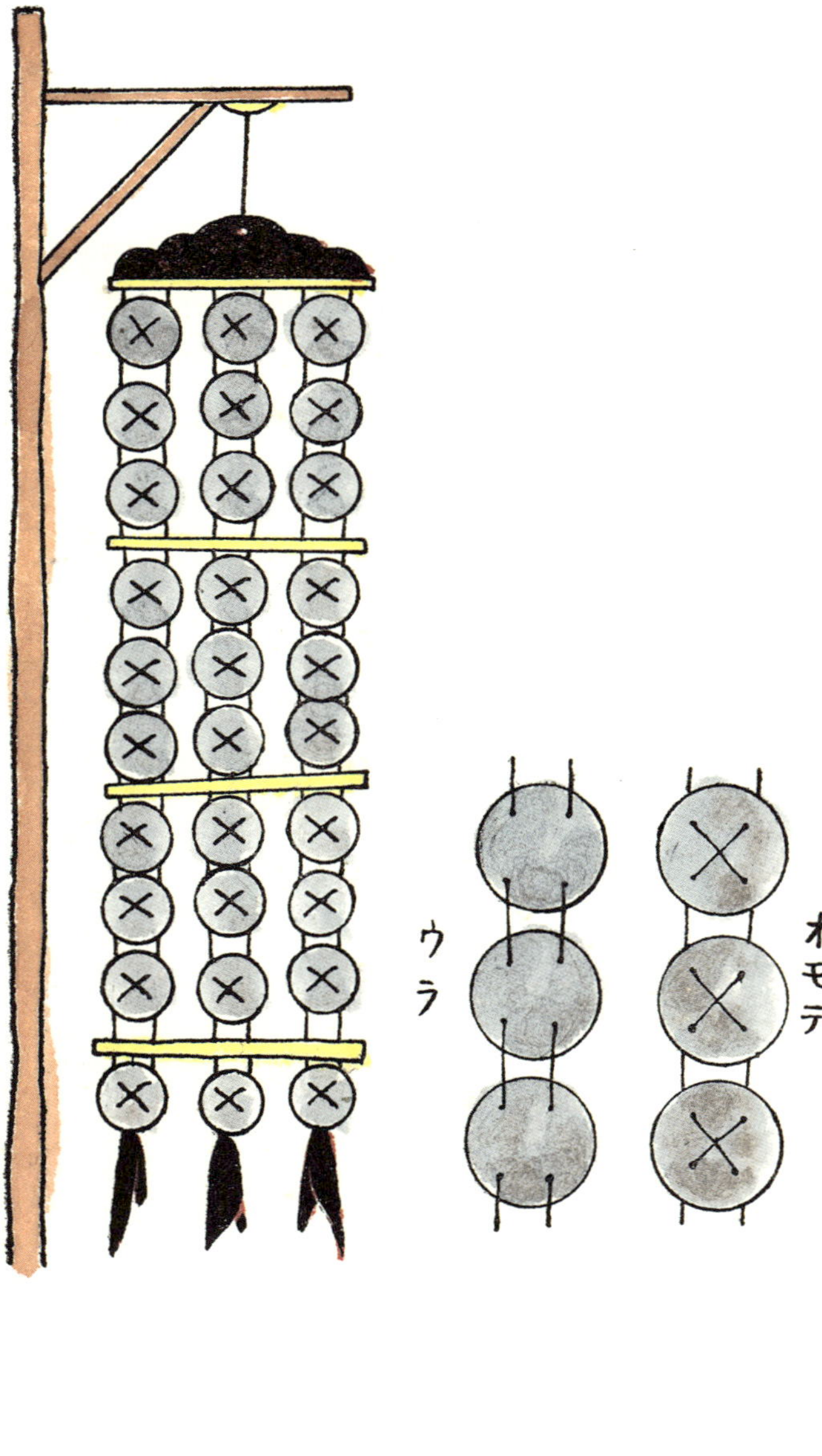
ウラ
オモテ

整髪屋【頭《トウ》髪《ファ》舗《プゥ》】

日本の散髪屋、散髪店と同じように、かもじを下げている。布がついている看板の文字にある「新式假頭」というのは、つけ毛のことである。大小燕尾《えんび》というのは満州人独特の二つ髷《わげ》で、大小を結うことである。最近は、かもじ専門では商売がなりたたないのか、女性に必要な紅《べに》や白粉《おしろい》、あるいは絛帯子《タオダイズ》（紐帯《ニウダイ》）などを売っている店が多くある。

だが、パーマネントや断髪《だんぱつ》が婦女子の間に流行しているので、北京や天津のような大都会では、売れそうにないことは素人でもわかる。しかしながら、満州人相手に、こうした特殊な店があることも見逃せない。もっとも嫁入りのときには、かもじが必要であるというから、店を張っているだけのことはある。

散髪　ざんぎり髪、ざんばら髪、ちらし髪などという。両肩のあたりで切り揃え垂らした髪。ここでは江戸時代からの称である髪結床（かみゆいどこ・かみいどこ）、理髪店、理髪屋のことを指す。**假頭**　仮頭髪ともいう。仮頭とは鬘（かつら）のこと。**かもじ**　髢。いれがみ。もとは髪のことをいった。ふるくは髪文字と書いて「かもじ」と読む。

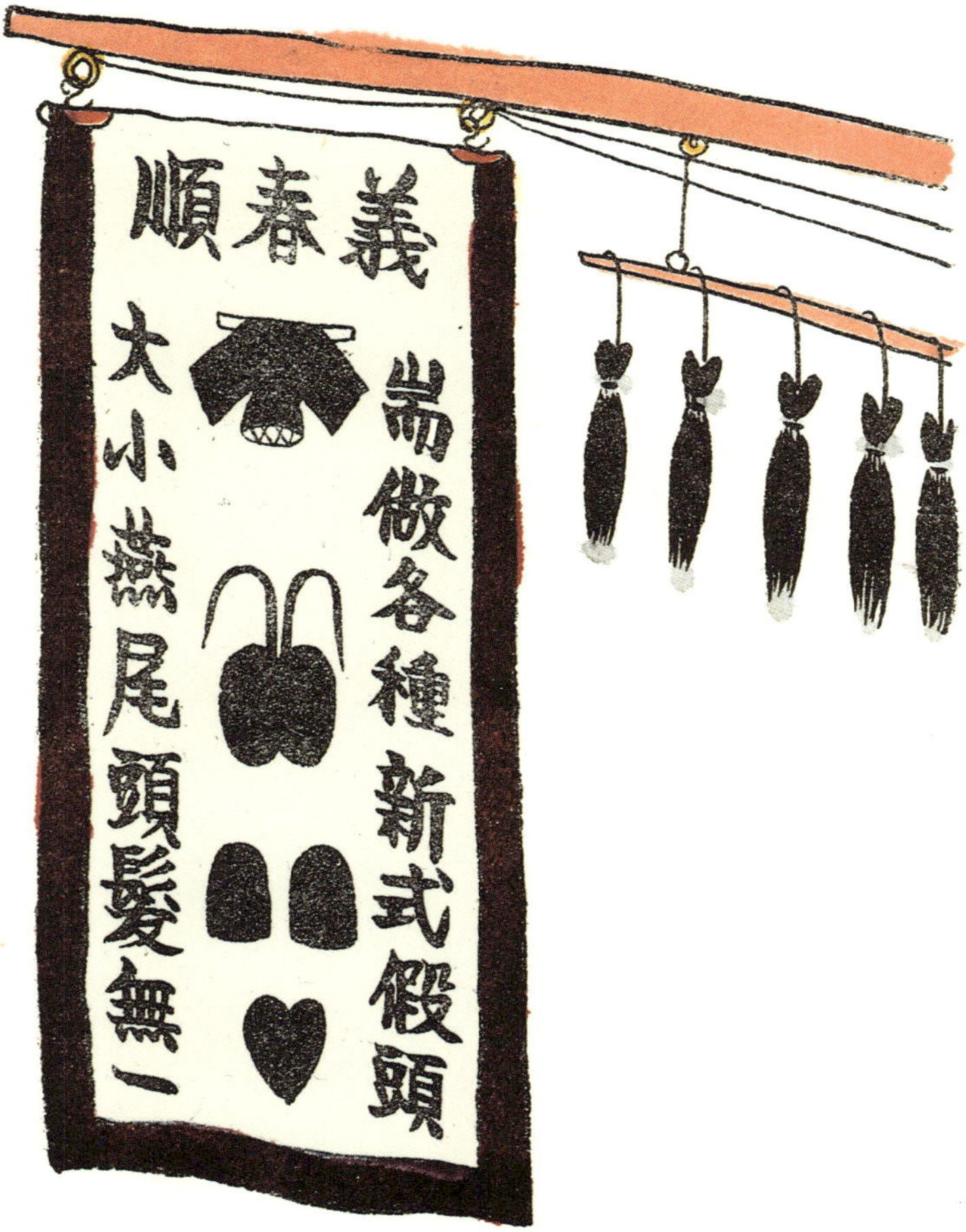
義春順
耑做各種新式假頭
大小燕尾頭髮無一

瑠璃細工屋【琉《リウ》璃《リ》作《ズオ》房《ファン》】

瑠(琉)璃は、サンスクリット語を音訳した吠瑠璃《べえるり》という言葉で、青色宝ともいわれている。瑠璃には透徹するものの意味がある。仏書では、瑠璃は七宝玉の一つである。瑠璃を製作して、加工するのであって、石をつくるのではない。帯留《おびどめ》とか腕輪という贅沢品が製作所でつくられている。聞くところによると、近ごろは硝子《ガラス》でつくったものがあり、なかなか精巧な瑠璃細工もやっているというので、眉唾《まゆつば》でもお買い上げをなさい。

サンスクリット語　古代インド語。梵語。**仏書**　七つの宝石。異説がある。『無量寿経』『法華経』『大智度論』『弥勒成仏経』ほかに記されている。**七宝玉**　金、銀、瑠璃、硨磲、瑪瑙、琥泊、珊瑚。**帯留**　帯の上を抑え締める紐で、両端の金具でとめるようにしたもの。ここでは、その紐に通して帯の前正面につける装飾品のこと。

鋏庖丁屋【刀《ダオ》剪《ジエン》舗《プウ》】

鋏、庖丁、刀を扱う店といっても、看板で見るように鍬《くわ》の刃もつくっている。あとはさまざまな庖丁や大刀、小刀状のもの、それに鋏などを製造している。実物は危ないので、絵見本で伝えている。中国の庖丁は種類が多い。庖丁といっても、用途によって菜刀《ツァイダオ》、切菜子《チエツァイズ》、厨刀《チュダオ》などといい、日本のものと比べると、だいぶ形が違う。柄《え》のない刀は肉を骨ごと切るのに用いるもので、料理店の厨房《ちゅうぼう》をのぞくと、手に持った庖丁で叩くように切っている姿が目に入る。少々地獄絵に出てきそうな庖丁刀である。

地獄絵　亡者が地獄でいろいろな苦しみを受ける光景を描いた絵のこと。

煙管屋【烟《イエン》袋《ダイ》店《ディエン》】

烟袋とは煙管《きせる》のことである。雁首《がんくび》の大きい煙管は旱烟袋《ハンイエンダイ》といい、小さい煙管は潮烟袋《チャオイエンダイ》という。看板は木製で、三尺の大きさである。雁首のところが金色、吸口と雁首の下のところが緑青、竹の部分が黒色、それに紅布が下がって、色とりどりなので、なかなか綺麗である。店は煙管を製造し、煙管と煙草の袋などを販売している。

烟袋玉器《イエンダイユウチィ》と書いた看板がある店は、金属の金具ばかりでなく、玉石類の火皿《ひざら》や吸口もつくっている。このほかに水を通して吸う水烟袋《ショイイエンダイ》の製品もある。烟袋店は喫煙具一式店といったほうがいい。

雁首　煙管の火皿のついた頭部。ここに刻み煙草を詰めて火をつける。形を雁の首に見立てたところからの称。

眼鏡屋【眼《イエン》鏡《ジン》舗《プゥ》】

眼鏡の看板であるので、誰でもわかる。ブリキ製、木製、なかには硝子をはめ込んだ看板もあり、店の格によって材料が違っている。

かなり高価な店ではちゃんと検眼をするが、簡単な店では直接レンズを目に当てて、目に合ったのを売っている。眼鏡を作るのに眼科医はいらない。

中国人で眼鏡をかけている人はあまりいない。北京でみかけるのは知識人が多いからであろう。

眼鏡
眼鏡

黒痣取屋【去《チュ》黒《ヘイ》痣《ジイ》子《ズ》】

中国は迷信を信じる国である。日本もかなり信じる人が多いので笑えないが、中国のほうが上手《うわて》である。この黒痣《ほくろ》取りは、かわった商売である。

道端の空地で、大きな布に凶運の黒痣を書き込んだ男女の顔を描いて、周囲に凶図を見せて「善觀氣色去痣來順」と書いたりしている。善人の顔色は黒痣をとることからはじまる、というのである。多くの人が凶運の黒痣である口上に頷いて聞いている。中国人にほくろが多いのかどうか、数えたことはないが、若い娘は染《し》みみたいなので気になるのであろう。

「いくらで取るのだ」と聞いたら、「一つ五銭だが、二つ以上なら、一つについて三銭にする。数によっては二銭でもよい」という。数でこなそうというわけだ。「どんな薬で取るのだ」と訊ねたら、「家伝だから教えられない」という。

手提げのトランクの上には、小さな鏡と薬瓶、筆と扇子に紙が載っている。扇子は乾かすのに使う。紙は脱脂綿の代用品である。

迷信 道理に合わない言い伝えを頑なに信じる。**黒痣** ほくろ。皮膚のあざ。点のようなあまり大きくないもの。黒子（ほくろ）。**染み** 皮膚にできる茶色の斑点。

福
善觀氣色

造花細工屋【紮《ジャ》花《ファ》作《ズオ》房《ファン》】

日本と同じように、紙や布を使い、針金の心などでつくる造花《ぞうか》細工である。布に蝙蝠《こうもり》や鳥が描いてある。中国では、蝙蝠《ビエンフゥ》は福をもたらす吉祥の鳥として喜ばれている。それは蝠が福（フゥ）と同音だからである。福寿雙全という図案がある。蝙蝠が二つの古銭と寿桃を口にくわえている。古銭は円形で中心に穴があいている。このことを眼《イエン》といい、錢《チエン》は前と韻《チエン》を踏み、それを福在眼前、つまり福が目の前にやってくるという。これに蝙蝠の福を重ねている。さらに、寿桃は桃の形をした饅頭で長寿をあらわす。蝙蝠、古銭、寿桃はみな福をもたらし、安泰である。すべて縁起を重んじる中国人の発想である。

ここに描かれている鳥は鳩にみえるが鳩ではなく、かささぎである。かささぎは中国では喜鵲《シイチュエ》という。喜びの文字があるので吉祥の鳥といわれる。この店は造花をつくっているが、日本と同じく花輪の需要が多いという。あとは装飾用に使われる。

吹革屋【風《フォン》箱《シアン》店《ディエン》】

吹革で「ふいご」と読む。中国では風箱、風匣《フォンシア》、風櫃《フォングイ》という。看板は吹革を正面口から見た形を描いている。鍛冶屋で使用する吹革を売る店である。箱型にふさふさとしたものをつけたのは、見た目には面白い。鍛冶屋で使用する吹革といえば、これ以上の説明をする必要はなさそうだ。

吹革　鞴とも書く。手で押したり足で踏んだりして、箱の中のピストンを動かして、風を送る。

風箱

食料油屋【香《シャン》油《ヨウ》舗《プウ》】

香油とは食用油のことである。看板は五寸丸の板製、または銅製でつくられている。板のときは赤絵具で塗られる。街では鉦《かね》を鳴らして食用油売りがくるので、たいていはそれで間に合う。街の香油舗は、小売商人の回る付近には少ない。日本と同じように、油屋はかなり富裕でなくてはできないので、店構えもしっかりしている。しかも、かならず漬物屋を兼営しているのは不思議である。

蠟燭屋【蠟《ラ》舗《プウ》】

縄梯子《なわばしご》のように蠟燭がいくつもつながっているので、蠟燭屋とすぐわかる。後図の蠟燭屋（一三四頁）にある絵看板より古い形態である。この看板のある店が老舗というので、需要が多い。蠟燭はどれも同じであるのに、老舗のものがいいというのもわからないことはないが、伝統にこだわるのも民族性かもしれない。

この蠟燭屋では製造もし、また販売もしている。日本でも大きな蠟燭の模型看板を出した店をいまでも見うけるので、国が変わっても、表現法にはあまり大差はないようである。

蠟燭　縒った紙や糸を芯にして、円柱状に蠟を固める。

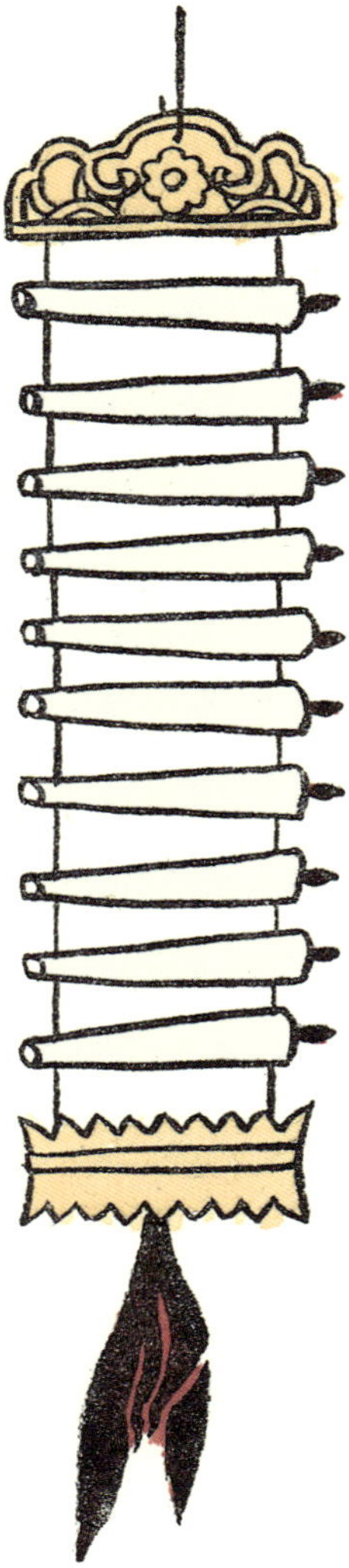

小磨香油

唐物屋【洋《ヤン》貨《フオ》舗《プウ》】

唐物《からもの》屋というのは適当ではないかもしれないが、売っている品物を見ると、手袋、靴下、帽子、ハンカチーフ、タオルなどで、まさに唐物屋というしかない。

右図は男性が被る帽子である。帽子の実物を順々に吊るしてある。草帽というのは、草によってできた帽子でパナマ、麦藁帽である。つぎのは日本でいう中国帽子で、これも実物である。この中国帽子は四つに折れて、ポケットに入れるのに都合よくできていて、旅行者の土産の一つになっている。

左図は靴下である。靴下は男性も女性も穿くので、中国人には欠かせないものである。ボールの上へかぶせて、足の形にして実物を出している。下図にあるのは、いずれも帽子を表わしたもので、中央の大きいのは一尺円径ぐらいで、婦人と少女用の麦藁帽である。左右にあるのは男女の麦藁帽で、これだけは実物大でない。ここでは一まとめにしたが、一軒の店に帽子ばかりの看板が三つも出ているわけではない。

唐物　日本では唐物は中国だけに限らず、室町時代以降は、ポルトガル、オランダなどの輸入品を含めた舶来物、舶来品をさした。唐物屋というと、諸外国から長崎への輸入品を売買する商人をいう。唐物店。

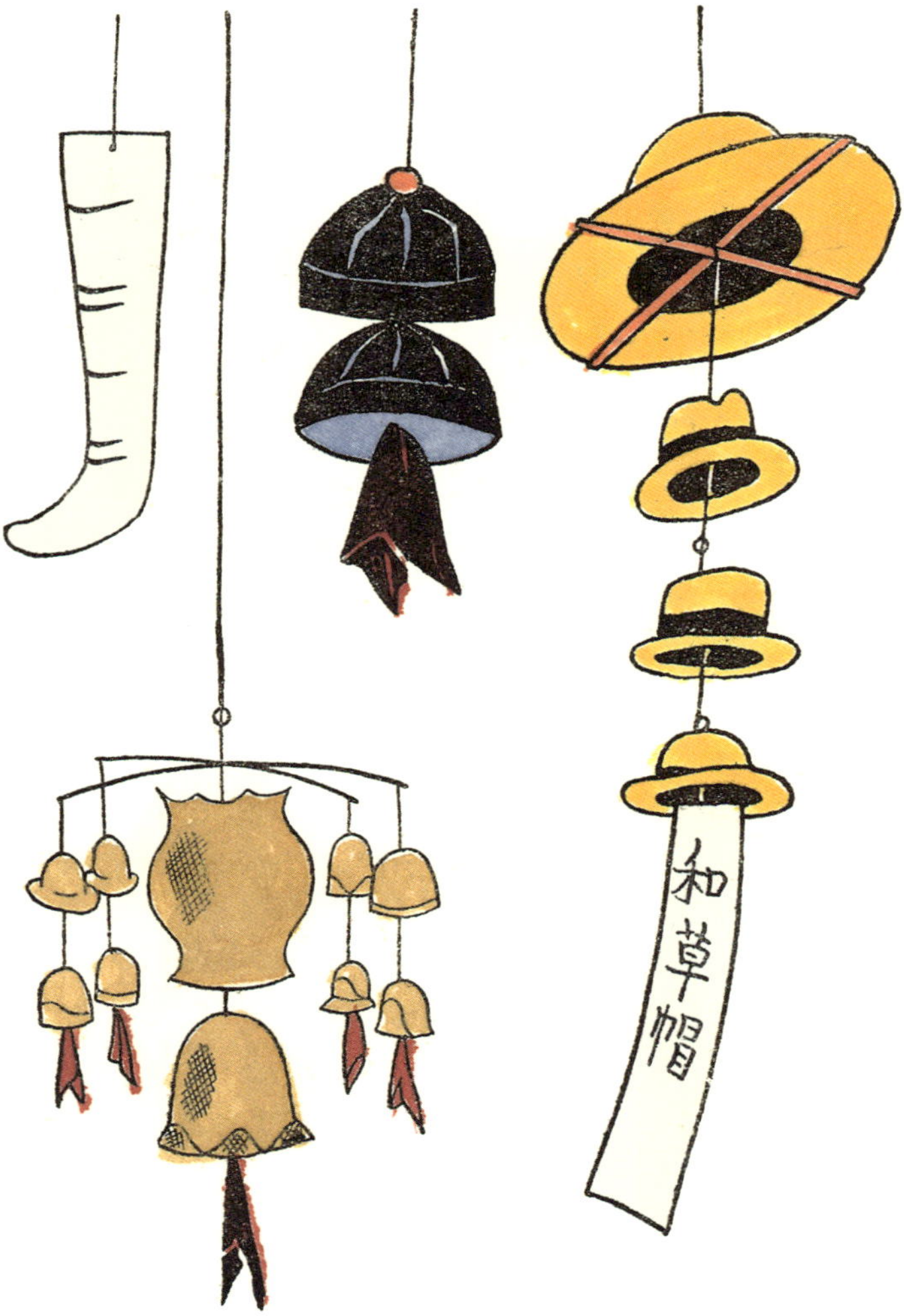
和草帽

蠟燭屋【蠟《ラ》舗《プウ》】

縄梯子式の看板（一三〇頁）から見ると、面白味がなくてつまらない。唐草模様《からくさ》をつけたり、蓮華をあしらったり、苦心しているところはあるが迫力がない。こういう絵看板の店は、蠟燭だけでは食べていけないとみえて、ほかに二、三の異なった看板を出しているのが常法のようである。蓮華は、日本では仏臭いのであまり喜ばれないが、中国では仏陀や観音様と関係しているので、ありがたい花である。

唐草模様　蔓草の巻き合いながらのびる形をあらわす。**常法**　いつものやり方。決まったやり方。**蓮華**　蓮炬ともいう。華燭つまり蓮華に象ってつくった蠟燭の一種。

芸者屋【書《シュ》館《グアン》】

書館とあるので本屋と間違ってはいけない。書館とは芸者屋のことである。この看板で特長なのは、上部に下げた紅と緑の絹布である。北京では北班《ベイバン》といって、満州人の窰妓《ヤオジィ》という娼妓《しょうぎ》がいる店に限られている。紅は男性、緑は女性をあらわす色で、両性が出会う場所を表象している。だが、この色は婚儀にも用いられるように、吉祥の色彩からきている。婚儀のときは下部に紅布を下げない。

芸者屋での遊びのことを逛窰子《グアンヤオズ》とか逛道儿《グアンダオアル》という。遊びは芸妓の顔見世からはじまり、言葉をかわしたりしてから相手を選び、気に入らなかったら帰ってこられるというので、心がけの悪い連中は顔だけ見に歩き回る、ひやかしをやる。

恵艶書館

錫器店【錫《シィ》器《チィ》舗《プゥ》】

中国では、何といっても銀が喜ばれるが、銀より格安で、外観も銀にもっとも似ているのが錫《すず》である。錫は多くの人に愛用され、珍重されてきたのであろうか、各所に錫製器具を売る店がある。酒の瓶や鋺物の実物をぶら下げている看板は、注文製作をし、品物も販売することを示している。こうした店は銀器店などから見ると、だいぶ格式が下がっている。

鋺物　鋺（まがり）は水を飲む器。椀または柄杓の類。

銅器屋【銅《トン》器《チィ》舗《プゥ》】

銅製の物を売っている店である。看板のものは、主として装飾用に用いるようなものを並べている。家屋で隅々を釘隠しするように、角々の摩擦を防ぐために被《おお》い金がされている。黒地に金で表わしている。

爆竹屋【炮《パオ》舗《プウ》】

爆竹《ばくちく》を売っている店である。爆竹というので、竹の筒にでも花火が入っているのかとおもうと、厚紙に包んだ花火が連続して、一つ炸裂すると次から次へと火が移って、凄まじい音を出す。この爆竹は鞭《ビエン》炮《パオ》といい、いわゆる豆爆竹である。爆竹の口火の部分を編み合わせているので、連続した音が鳴る。

年中行事である祭り、結婚、葬式、店開きなどにはなくてはならぬもので、中国の民俗行事では必需品である。爆竹はもともと音を鳴らすことで、目に見えない悪魔を退散させるといい、大晦日に街中で一斉に爆竹を鳴らせば、新しい年は、なおいっそう吉祥の日々を迎えることができると信じている。にぎやかで景気のいい気分をかもしだすために百発、千発、一万発も連続して鳴らすのでたまらない。千発の爆竹のときは、その音で耳がしばらく聞こえなくなってしまい、翌日まで人の声が小さく聞こえたことがあった。

爆竹は日本でいう花火とは形式が異なっている。花火屋は別にある。看板は爆竹の連続した木の模型を下げている。これは爆竹屋には違いないが、製造屋の方では小売りもする。小売りは爆竹の看板を出さないで売っている。中国の祭りでは、爆竹をさかんにやるので、その音で馴れない者は眠れない一夜となるので耳栓が必要である。

アンペラ屋【席《シィ》箔《ボ》舗《プゥ》】

中国では、夏にでる太陽が強いので、家の周囲をアンペラで囲んで、日をさけるようにしている。それだけ夏が近づくと、アンペラ屋の看板は、実物のアンペラを大きく巻いて、つっ立てている。門みたいのはアンペラ屋で製造しているもので、これは夏の庭園に置く暑さよけである。多くの人がみるので、いまは装飾として竹で編んである。夏は開けっ放しにすることもあり、こうしたアンペラを据えて、人の目から隠れようとするわけである。うしろにアンペラを貼ると、立派な塀代わりになる。

アンペラは蘆蓆《ルウシィ》ともいい、葦を細かく割って編んだものである。アンペラで日よけをすることを蘆蓆棚といっている。夏がすんでアンペラを取りのぞくと、立派な庭の飾りとなるところは学ぶべきところである。実物看板のうちとして、大きいものの一つである。

アンペラ　茎を裂き、網代（あじろ）に編んで筵・蓆とした。ほかに敷物、袋、帽子、枕などをつくった。アンペルともいう。ポルトガル語のampela、amparo、一説にはマレーシア語のampelaからともいう。

蓆舗

小帯屋【絛《タオ》帯《ダイ》店《ディエン》】

絛帯とは、絹糸で平たく編んだ紐を売る店である。腰紐や前後のあかない褲子《クウズ》（ズボン）の下を縛る小帯類をつくり、小売りする店である。日本では使われてないもので、中国特有である。

看板はいずれも実物を下げている。仲糸状の掛金は両側に紐、中央に紅布を懸けている。紅布は三角紅布の代理と見ていいであろう。房をつけたのは、絛帯の房であり、それで紐全体を表わしたことになっている。

筆墨店【筆《ビ》墨《モオ》局《ジュ》】

文字の国である中国では、いまも毛筆がさかんに使われている。この種の店は、どの町でも相当の店構えをもっている。龍頭《りゅうず》の木彫りに、土筆《つくし》のような筆を木でつくったのを下げている。実物を下げているると、長いこともたないので模型でつくってある。

店には筆以外に、筆挿、筆置なども売られている。筆挿は青銅製の筆挿の数本が一組になって、一つの青銅製の枠に並べて取り付けられている。また、筆置は筆荘といって、陶器、金属、紫檀、そのほかの材料でつくられた皿形のものに、さまざまな筆の枕が付いている。

幌屋・天幕屋【帳《ジャン》房《ファン》舗《プゥ》】

幌を製作する専門の店である。近ごろは天幕《テント》もつくる。幌の拡がったところを途中から縛った図柄は、気のきいたものである。下のカンナ屑のようなものは飾りの糸である。彩色で布に描かれている。

銅器屋【紅《ホン》銅《トン》舗《プゥ》】

銅は銅でも赤銅というもので、真鍮《しんちゅう》に対して、普通の銅のことをいう。この赤銅の細工を専門とする店である。板に水差し、花瓶、匙《さじ》などが赤銅色で描かれている。

毛布屋【毛《マオ》氈《ジャン》舗《プゥ》】

毛氈《もうせん》を売る店である。製造するとあるが、多くは仕入れ物が多い。注文があると、製造工場に回すので、目の前ではつくっていない。看板は実物の片《きれ》をぶら下げている。羊毛産地の蒙古では、家屋の内部のオンドル（炕）の上に敷く厚い絨緞で炕氈《カンジャン》というのがある。羊毛を簾のように巻き込んでよく揉み、繊維を絡ませて、熱湯にしたたし圧搾《あっさく》してつくる。

蒸籠屋【籠《ロン》屜《ティ》房《ファン》】

饅頭を蒸すのに欠かせない蒸籠《せいろ》をつくる店の看板である。上から草色、赤色、草色、底は黄色の絵具が塗られている。下の板片《いたきれ》は紅布の代用である。

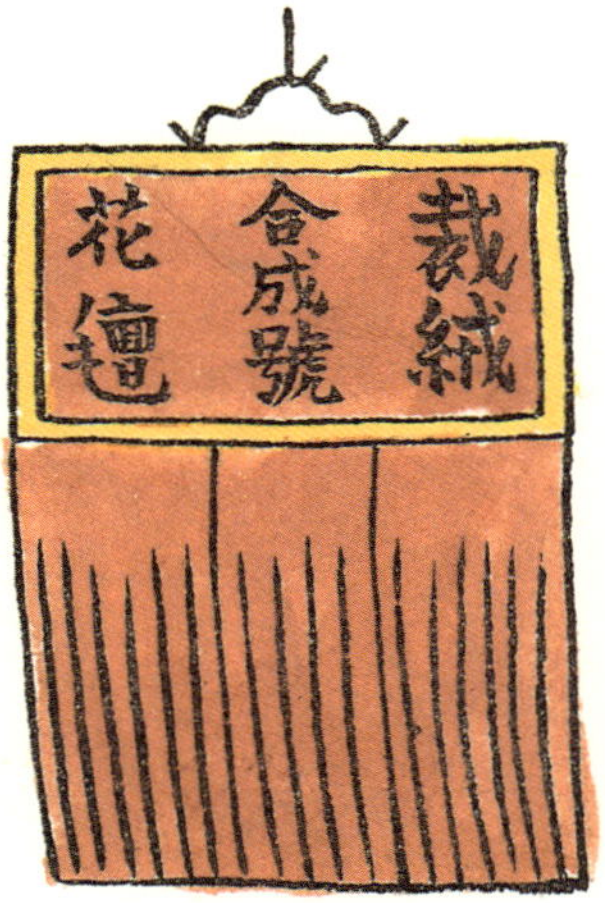
裁絨
合成號
花氈

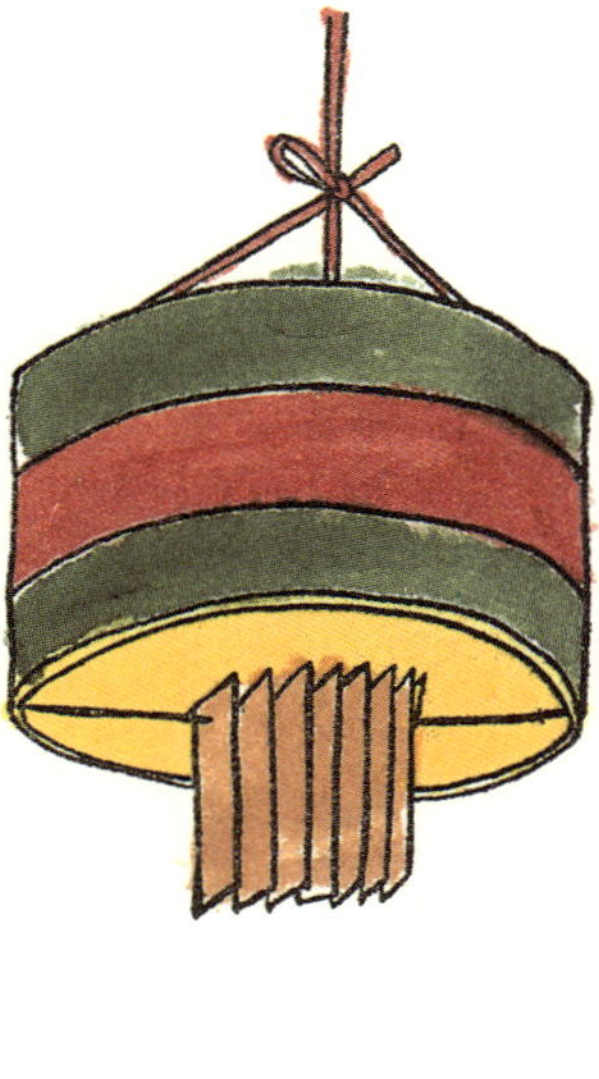

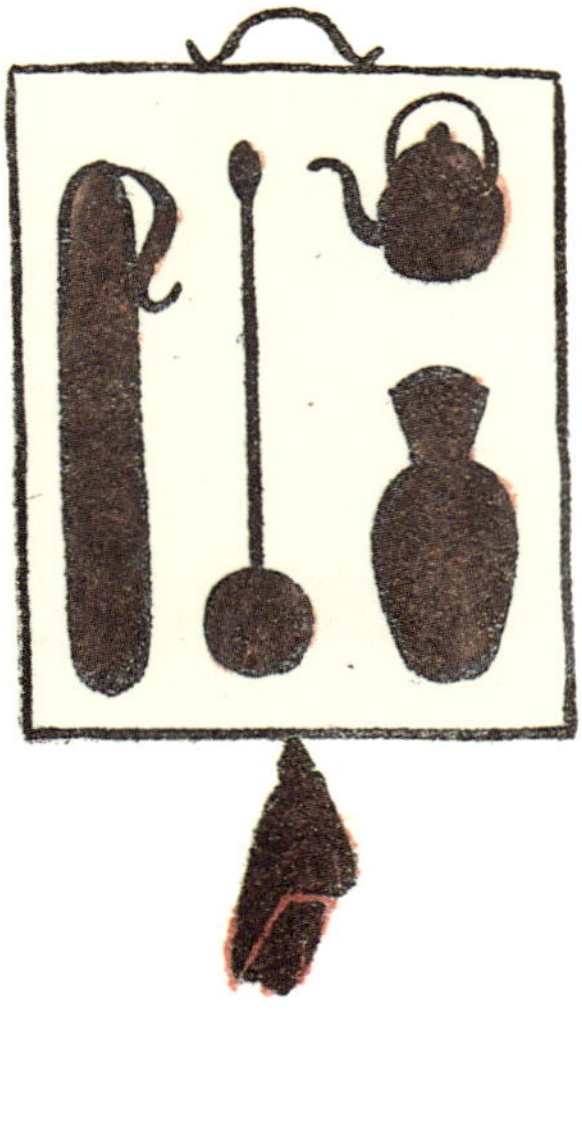

燈籠屋【燈《トン》籠《ロン》舗《プゥ》】

日本人から見ると、中国的な燈籠《とうろう》をつくる店である。『牡丹燈記』に出てくる牡丹燈籠ももちろんつくる。日本でいう牡丹燈籠は、盂蘭盆《うらぼん》に使用されている燈籠のことになっている。

芝居や落語、講談の『牡丹燈籠』の新三郎やお露の話は、幕末の落語家である三遊亭円朝が、明代の古典作品『剪燈新話』にある『牡丹燈記』を翻案したものである。それにしても燈籠というと、すぐカランコロンの『牡丹燈籠』をおもいださせるのは、円朝の腕も大したものである。夏を過ぎると扇屋が、この燈籠屋に商売替えする。

盂蘭盆 七月十五日を中心におこなう先祖の霊を祭る行事。精霊会（しょうりょうえ）とも盆ともいう。**三遊亭円朝** 近代落語家。幕末から開化期にかけて活躍し、怪談咄を得意とする。作品に「塩原多助一代記」「真景累ヶ淵」「乳房榎」など。**カランコロン** 「清水のもとからカランコロンカランコロンと駒下駄の音高く、常に変らず牡丹の花の燈籠を提げて云々」（『牡丹燈籠』十）。

靴底屋【木《ムゥ》履《ルゥ》房《ファン》】

雨が降ると、布で出来ている靴は雨がしみるので、靴底に木を釘づける商売屋がある。靴底屋とは面白い。靴底といっても、いろんな形のあることが看板でわかる。中国芝居の女形《おやま》が穿《は》く女靴の中身に似ている。あの女形が自分の足の下に、さらに、この看板に似た靴を穿《は》いているというと、嘘だという人があるが、本当の話であるから驚くべきである。

葬具屋【冥《ミン》衣《イ》舗《プウ》】

霊前あるいは墓前で燃やす紙を貼った冥器《ミンジィ》や冥衣などを売る店である。死んだものがあの世に行ったときに使うものを冥器といい、紙を貼ってつくった車、馬、人形、銭、銭箱などを売っている。冥衣は死んだ人のために焼く紙製の衣服である。

目印としては、たいがいは張子《はりこ》製の馬が出ている。軒に下げたのと地面へ置いたものとの二通りがある。大小いろいろあるが、左右三尺ぐらいのものが多い。田舎へ行くと、車の輪を張子でつくったのを吊り下げているものを見る。

赤地に金紙の丸で、鋲《びょう》を表わした一尺五寸ぐらいの円い形である。車輪は仏を運ぶのに車によるからである。「油漆彩畫色糊頂棚」とあるので、内職として畫舗《ファプゥ》の仕事もやると見える。人はかならず死ぬわけだから、葬具屋は忙しいはずなのに、どうして仕事の拡大を計ったのであろう。高さ一間半ぐらいの棒の上に、二つ車を出した看板も同業である。日本なら車屋といいたいところだ。

張子　型に紙を張り重ね、乾いたあとに、中の型を取り除いて作ったもの。はりぬき。**鋲**　頭の部分が大きい釘。
車屋　人力車で営業する商売、またはその人。車屋の障子などには「俥」と書いた店が多くあった。

油漆彩畫色糊頂棚

葬儀屋【槓《カン》房《ファン》】

冠婚葬祭をやかましくいうのは、礼を重んじる国であるからであろう。葬儀屋はなかなか巾を利かせている商売である。これは古くからある商売であろうが、看板に描かれた葬式用の帽子、枕、靴などは、いずれも十九世紀末の清代の形式を表している。

葬儀屋と葬具屋とは、わが国なら同じだが、中国では違うのが面白い。葬儀屋は葬儀の請負《うけおい》が主であり、葬具屋は葬列の行列で、葬儀人夫《にんぷ》が持つ棍棒《こんぼう》や棺《ひつぎ》を担ぐ棒などを賃貸《ちんが》しする店のことをいい、この店を槓房という。

北京のある店の看板に、張子の人間の首をぶら下げているのには吃驚《びっくり》した。「人が死んだというわけか」と聞くと、「それは葬式の際に墓場で焼く人形の首だよ」ということである。

こうしたものは葬具屋の仕事であって、葬儀屋のやるべきものではない。それでもあんまり珍奇なので、その一例としてここへ加えてみた。

礼　社会生活上、人のふみ行うべき道。制度、文物、儀式、作法など。五常の一つ。**巾を利かせる**　威勢をふるう。「羽振りがいい」ともいう。

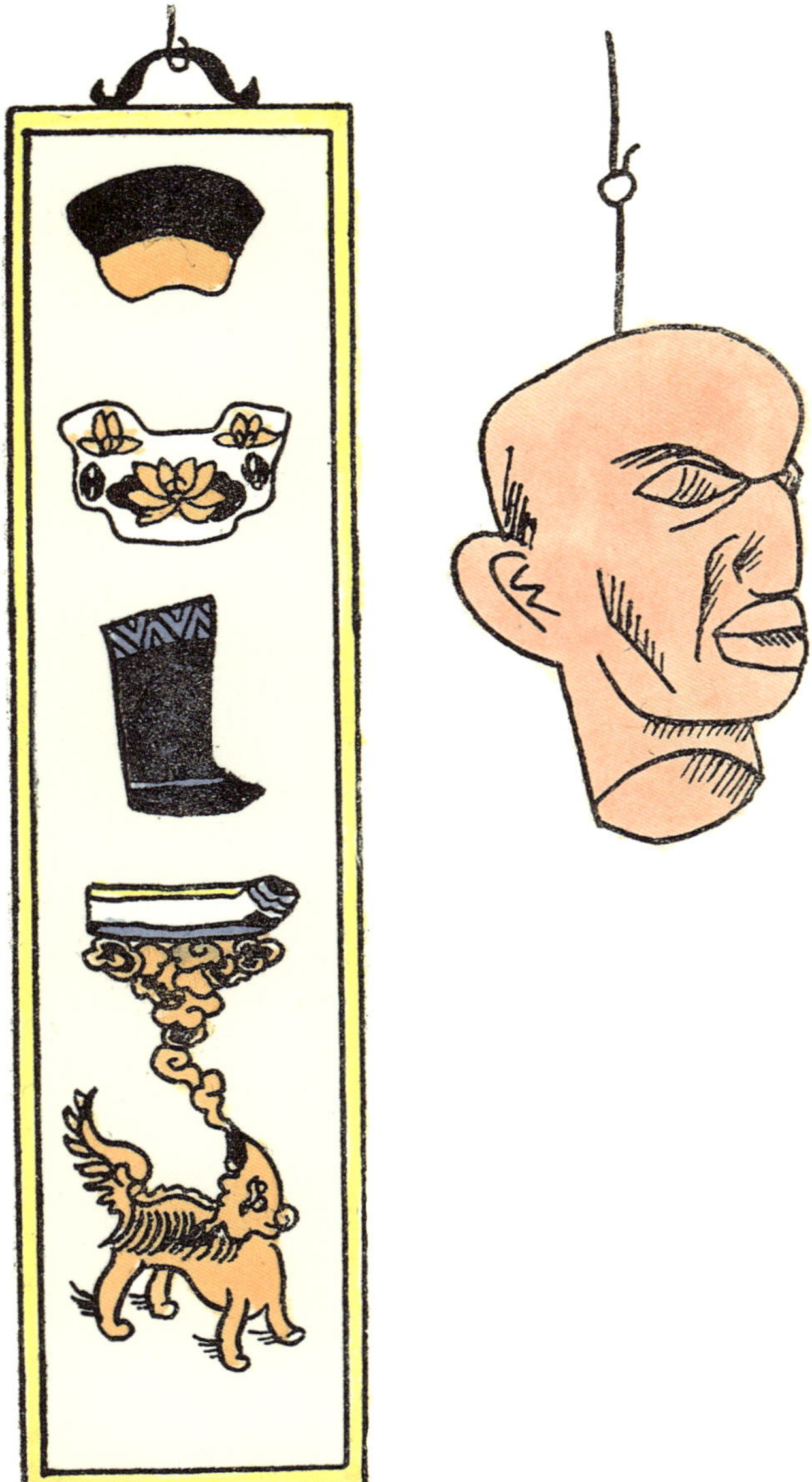

広告柱【告《ガオ》牌《パイ》塔《タ》】

外国にみる屋外の広告塔と同じもので、これは清代の遺物の一つであるという。北京の街はずれに残っていた看板である。街はずれといっても、街の四辻の角であって、張り店と関係なく立っている。四方になっている上部から看板とか広告用のものを吊り下げて、道行く人の目を引かせる。いまでいえば、一種の有料広告塔である。あいにく、いまは一枚の看板もなく、広告柱の名に背いている。

看板支柱の模様　【如《ルウ》意《イ》紋《ウエン》】

看板を吊るす支柱の棒の上にある模様は、いままでいろいろ出ているもので、ご覧になれば各種あることがわかるが、左図のような変わったものがあるので描いてみた。

これは如意紋という雲形を表わしたもので、吉祥の表象になっている。雲なので、その上に星が現われている。子供だましのようで面白い。桃も左下図のような変わった形である。これは寿桃を手にもった寿星（寿老人）という吉祥を表わしている。老人の誕生祝いに食べる、小麦粉でつくった桃の形をした饅頭を手にもつ寿星は、老人星で、長寿を象徴した寿老人である。ともに長寿や福を表した図案として、正月を祝う切り絵、版画、絵画などにみることができる。

如意紋　心字型の雲形に曲がった文様をいう。インドでは孫の手の形をした道具を如意という。

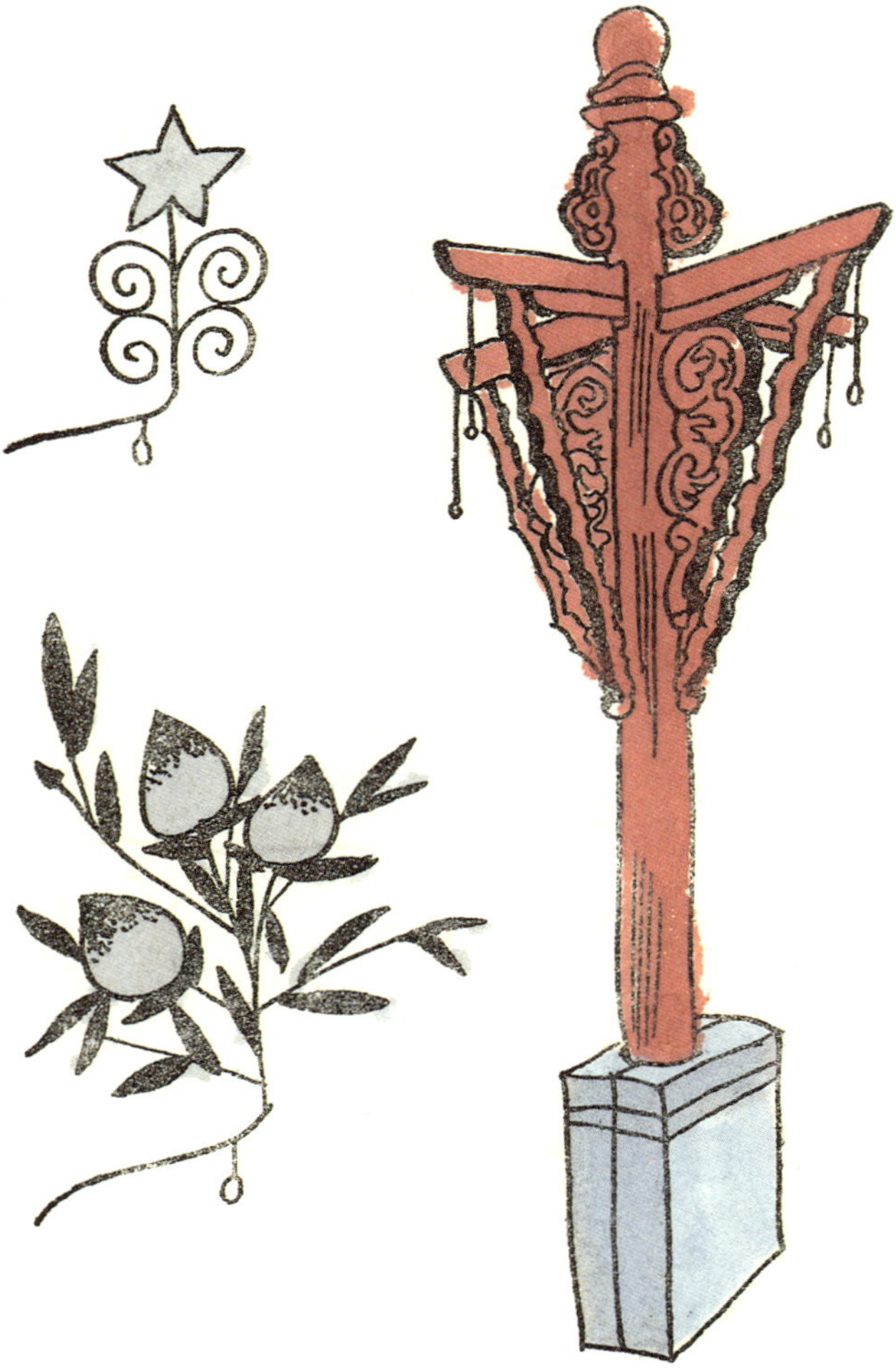

元宵餅屋【元《ユエン》宵《シアオ》餅《ビン》舗《プウ》】

この箒《ほうき》みたいのは、元宵《げんしょう》餅屋の看板であり、藁でできている。元宵節というのは、旧暦正月十五日上《じょう》弦《げん》の夜を祝う日で、元夕《ユエンシィ》、元夜《ユエンイエ》、上元《シャンユエン》、燈節《ドンジエ》、新節《シンジエ》ともいっている。この日に神に供えるのが、元宵という餡《あん》入りの団子である。餅屋は、このときに食べる丸い餅をかたどったものを看板にしている。

この団子は日本の汁粉のように、甘い砂糖湯で食べ、また油で揚げて食べる。つくり方を教えてもらった。まず、山楂子《さざんし》、芝麻《ごま》、核桃《くるみ》などに砂糖を入れて餡をつくる。それを小さな玉にして水をつけて、もち米の粉を入れた平らな器のなかで揺すぶって、米粉をまぶす。これを数回くり返して、かなりの大きさにしたものをゆでる。このゆで汁と一緒に椀にもって食べる。

この看板だけを出す餅菓子屋は、非常に数が少なく、小店などでなくては見られない。菓子屋が元宵のときに、臨時に出すのを多くみる。

二図は長さ一尺の楕円形の板で、厚さ三寸ぐらいの金粉を塗って、菓子の形を表現したものである。左図は長さ五寸、幅二寸五分ほどの板で、これも金粉が塗られている。これは何でもある菓子屋の看板である。

上弦　新月から満月になる間の月。

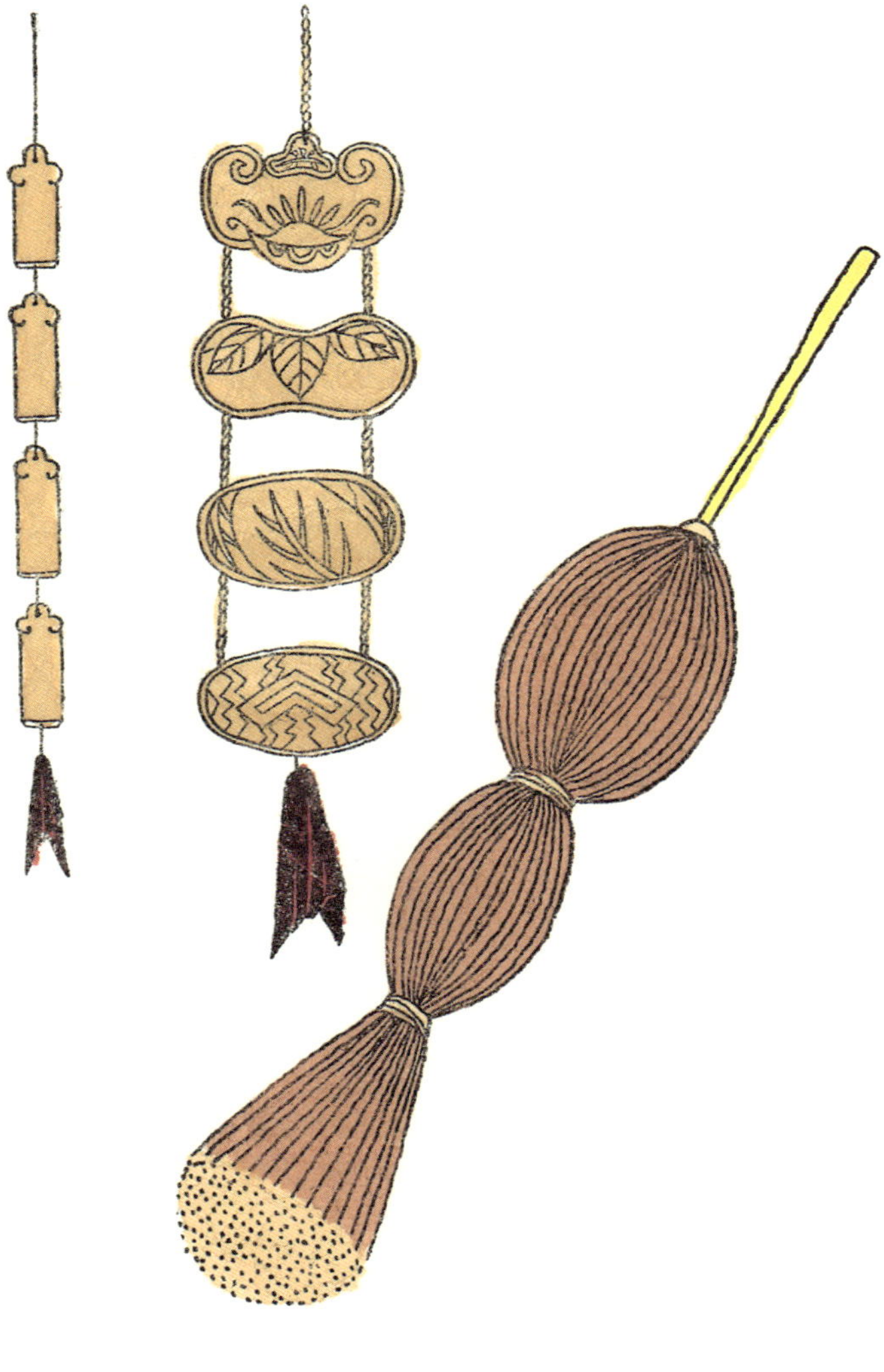

物売り図絵

研ぎ屋

鋏や庖丁の研ぎ屋は、鉄の板を四枚ほど綱でつないで、ちょうど日本の楽器におけるビンザサラに似たのを「ガチャリン、ガチャリン」と振り鳴らしながら歩いてくる。この鉄の板を鉄拍板《ティパイパン》という。この研ぎ屋のなかには、チャルメラを吹いてくるのもある。（右上）

ビンザサラ　編木。拍板。田楽（でんがく）につかう楽器の一つ。長さ五寸、幅二寸ほどの薄い小板を数枚ないし数十枚を紐でつらね、両端の取っ手をもって、音を出す。　**チャルメラ**　哨吶。ラッパに似た木管楽器。

理髪屋

かみいどこ（髪結い床）屋さんは、毛抜に似た真鍮製のもののなかに真鍮棒を入れて「ビーン、ビーン」とはじいて、気持ちのいい音を立ててくる。客用の腰掛けと洗面用のかなだらい（金盥）、ブラシ類の一式を天秤棒に担いでいるのが面白い。（左上）

猿まわし

日本のとは違って、猿まわしはたいてい犬も使っている。なかには犬ばかりでなく、二十日鼠を相棒としているものもある。犬ばかりのものは犬の曲芸といっている。「ガン、ガン、ガン」と銅鑼《どら》を鳴らして客寄せをし、曲芸の伴奏でも鳴らす。この銅鑼は猿まわしでも犬の曲芸でも同じ使い方である。（下）

安里

豆菓子売り

「ガン、ガン、ガン」と連続的に小銅鑼《どら》を木片《きぎれ》で叩いてくるのは、豆を餅で包んだ蒸菓子を売りにくる商人である。容器のそばへ、小さい腰掛をつけているのは、自分が往来で休むときに用いるものである。(上)

胡弓売り

中国楽器で哀調帯びた音を出す胡弓《こきゅう》は胡琴といっている。胡弓を売りにくる者は、自分で一曲や二曲を弾けなければ、商売にならない。日本と同じように流行唄も演奏するが、たいていは、昔から伝わっている中国の歌が多いようである。(左)

玩具売り

「ガーン、ガーン」と小銅鑼を棒片で叩いてくるのは、小輩《こども》相手の玩具屋さんである。青龍刀、武者の面、二つの太鼓が一銭で買え、泥のお人形や鶏、糸あやつり人形も売っている。私が見たなかには、ぶん回し式に玩具を並べ、回した針で、一銭で十銭ぐらいのものも取れる賭け事があった。賭け事の好きな国だけに子供が喜んで、この玩具売りを取り囲んでいた。(右下)

ぶん回し　円を描くための器具。コンパス。**糸あやつり人形**　提絲木偶戯の玩具。糸あやつり人形の本場は福建省泉州。四、五本の短い糸が手足と頭についている。

鍛冶屋

鍛冶屋といっても、茶碗のつなぎもする。担いでいる屋台に、二寸七、八分の小銅鑼を提げ、その上に、鎖に分銅が付いて、ブラリブラリと動いている。歩いていると、商い人の肩の揺れ具合で、分銅はひとりでに銅鑼にぶつかって「チーン、チーン」と音を出す。そうとう頭のよい無精者が発明したものであろう。（上）

分銅　秤で目方を測るときに重さを比べる基準とする真鍮製などのおもり。

食用油売り

中央が高く飛び出ている銅鑼を木槌で叩いてくるのは、「トントントン」と鳴らす食用油売りである。銅鑼の大きさは、直径八寸五分ぐらいの丸さである。食用油売りは、上着の上にかならず前掛け、または別にもう一枚上着を着ている。油がつくからである。（右）

燈油売り

「カラン、カラン」と振り太鼓（でんでん太鼓）から音を立ててくるのは燈油売りである。一昔前であったら、日常では需要が多かった。いまは電気が通っているので、神前や仏前用に使われている。この太鼓は銅版でつくってある。西蔵（チベット）から伝えられたものという。音はふつうの太鼓より鈍く、調子は高い。（左下）

賣《うら》卜《ない》者

俗に算命、八卦見ともいわれている。蛇皮線《じゃびせん》を弾いて来る人に頼むと、依頼者の生年月日と干支《えと》を聞いて、蛇皮線に合わせて、歌うような口調で、運命や身の上を語る。単に蛇皮線を弾いて門付《かどつけ》するのは、遊芸師であって、賣卜者はやらない。円板状の鐘を手に提げ、その握りについている撞木《しゅもく》で「カーン、カーン」と鳴らしてくる。一つのところに鐘と撞木とがついているのが、ほかの算命者と違う。算命者の楽器は銅鑼である。たいてい占い料は十銭から六十銭というのが相場である。（上）

蛇皮線　琉球の楽器。三線（さんしん）の俗称。蛇味線（じゃみせん）ともいう。　**撞木**　丁字形の棒。鐘叩き。

飴細工屋

日本にもある飴細工屋である。日本では、衛生上、口で息を吹き込んで、膨らますものはいけないというので、その姿が見えなくなった。中国は銅鑼を「ボーン、ボーン」と叩いてくる。つくるものは中国芝居の立ち回りで活躍する俳優の姿形が多い。（右）

梅汁売り

最近は酸味のシロップに水を割っているという。手のなかへ入るような椀と皿の合いの子の銅製のものを片手のなかで、「チンカラチンチン、チンカラチン」と鳴らして、「うまいよ、うまいよ、飲むと胸がスーッとする、一杯一銭だよ」といいながら売っている。この商売は夏のものである。（左下）

靴釘屋

革の雨靴の裏へ釘を打っておけば、へりが少ないという。釘を西洋料理のランチ皿を大きくしたような容器に入れて、片棒の荷には、鉄でできた大ぶりな金槌と釘抜きをぶら提げている。これに鎖を下げて、打ち合わせて音を出す。近ごろは、西洋風の靴が出てきたので、それにも用いられている。（右上）

算命

賣卜者にもいろいろ変わったものがある。片手で横笛を吹き、もう一方の手で杖を突いてくる（左上）。報君知という小さく厚味のある銅鑼、四竹《よつだけ》のような竹、片方は完全に半分ぐらいのものを「カチ、カチ」と叩き合わせながらやってくるのもある。（左下）

四竹　竹片を二枚ずつ両手でにぎり、てのひらで開いたり、閉じたりして音を出す楽器。四ツ竹とも書く。

爪切り

日本では考えもつかない商売である。風呂屋では営業種目のなかに入っているが、爪切りは珍しい。T形の木をV字形にして、下の釘がゆるく、手で動かすと頭の一文字《いちもんじ》が打ち合って、微妙な諧調音を出す。（右下）

台所道具売り

台所道具売りといっても、家庭道具も交じっている。笊《ざる》もあれば、はたきもある。籐枕、蝿叩き、ブラシもある。図にある乳のようなものは、瓢箪を二つに割ったもので、水を汲んだり、米をすくう杓子にもなる。これを「トンテン、テントン」と拍子面白く叩いて、客寄せをする。(上)

油売り

普通の食用でない油を売る商人は、梆子《バンズ》という拍子木を用いている。これは木魚のように、木をえぐってつくってある。冬の夜の静かなときは、じつに数里まで聞こえる(冬寒夜静時、実可売声数里)というほど音がカン高い。この梆子を使う商人のなかでも、この油売りはとくに叩きが激しい。「カンカン、カーン」と強い音を出す。中国芝居では、夜回り人がこれを叩きながら出てくるので、すぐに眠気がさめる。昔はこの音は時間を教えていた。夜はやたらに打ってはいけない。時間を間違えた鶏が鳴くからである。(中央)

盆売り

平たい食器のことを盆という。これが腰高になると鑵という。この食器はいずれも木製である。これを小さいな撞木で「カンカチ、カンカチ」と叩く。意外と遠くまでその音は響きわたる。昔はこの食器は売るばかりでなく、物々交換に使ったという。(下)

細麺の油焼売り

麺の細いのをまとめて油焼きにした菓子を売って歩く。このほか、たいてい饅頭の上に、日本の道明寺風に米をつけた菓子も一緒に売っている。この菓子屋も油売りが使う梆子の小さいのを鳴らしてくる。（上）

道明寺　道明寺糒（ほしい）の略。もち米をふかして干したもの。糒は「ほしいい」ともいう。大阪にある真言宗の尼寺道明寺でつくりはじめたことによる称。

蒸菓子売り

米を主とした餡入りの餅菓子を、いつも湯気の出ているように、温かくして売っている。これも梆子を叩いて客寄せをする。（左）

かりん糖売り

これも梆子（拍子木）を叩いてくる。かりん（果林）糖のことを油果糖《ヨウクウタン》という。かりん糖といっても日本のものより大きい。グルグルとねじってあるのを延ばすと、一尺ぐらいにもなる。この売り手がもつ梆子は、細麺の油焼売りよりも少し大きいが、油売りのものより小さい銅鑼である。（右下）

雑貨売り

歯ブラシ、歯磨き、簪《かんざし》、靴下といったような雑貨を売って歩く商人は、太鼓と銅鑼の二つが一緒になっている楽器を鳴らしてくる。太鼓がテンテン、銅鑼がボンボン、両方で「ボンテン、テンテンボン」とにぎやかである。（上）

砂糖菓子売り

カンナ屑でつくった喇叭《らっぱ》を吹いてきたとおもうと、蘆《あし》の葉を巻いたものを吹いている。砂糖菓子というのは、砂糖を基礎にしてつくったもので、飴玉とかドロップ式のものである。（右）

飴売り

棒になっている、さらし飴を売りにくるのに、銅鑼を「ボーン、ボーン」と叩いてくる。銅鑼を打つといえば、わが国の声色屋《こわいろや》をおもいだす。ところ変われば品変わるである。飴は飴でも、日本のように顔の出てくるようなオツタサン飴はなかった。（下）

さらし飴　晒し飴。水あめの水分やまざりものを除いて、色を白くした飴。　**声色屋**　江戸時代、日暮れになると銅鑼をボーンと鳴らし、拍子木をカチチョンとうちながら来て、役者の声を真似る街芸。声色使いともいう。　**オツタサン飴**　「飴のなかからオツタサンが出たよ」といって、飴を切る。金太郎飴と同じ。

屑屋

日本なら「屑いお払い、屑屋でございい」というところを、小さい手のなかへ入るような太鼓を「カチ、カチ」と叩きながら、何も言葉を叫ばないでくる。担いでいる籠の片方には、蒲団が敷いてある。ここには壊れてはいけない品物を入れるようにしている。（右上）

当物屋

耍耗子《シュアモウズ》という鼠を使って賭け事をさせる商売人がいる。中国人は賭け事が好きであり、子供の頃から金を賭けることをやっているため、こうした商売が成り立つと見える。チャルメラを「ピーシャラシャラ」と吹いて客を寄せる。下の台の中から鼠が出てきて、ボールの家のなかから札をくわえてくる。その札で丁半を決める。（左）

札　ほかに山雀、鸚鵡、音呼鳥、鳩、鼠などに札をかませて、その札を売るものもあった。日本では山雀のおみくじで知られている。**丁半**　さいころの目の偶数の丁と奇数の半。この出た目によって勝負をする賭け事。

背負い布屋

日本なら呉服屋というところであるが、主として布地物を売っている。太鼓の両側に紐をつけ、この先に木の玉をつけた振り太鼓は、「テンテン、ポコポコ」と音を出す。調子をつけ、音楽的に高低調を出す。日本のでんでん太鼓の大きいのとおもえば間違いない。（下）

賣卜者

これも算命である。手首に太鼓の紐をかけ、その手で長柄の撥《ばち》を持って、左手だけで「ドーン、ドーン」と鳴らしてくる。右手の方は杖を突いている。（右上）

薬売り

日本の馬連《ばれん》に似ている真鍮製の丸い輪になったものを手に持つ。菓子のドーナツの形をおもいだしてくれれば一番いい。なかは空《から》になっていて、玉が入っている。これを人差指と中指のあいだに差し込んで「カラーン、カラーン」と振ってくる。音だけではわからないといけないので、膏薬の模様をつけた旗を担いでいる。この楽器は四川や雲南地方へ行くと、お経を読むときに坊さんが使う。（左）

馬連　木版刷りで、版木の上においた紙の上をこする道具。丸い形になっている。

糸針売り

振り太鼓と同じ仕掛けで、太鼓の代わりに丸輪の中央に鐘がついている。昔あった放送局のマイクみたいである。「カーン、カラーン」と手で調子をつけて音を出す。糸と針のほかに、欄干《ランガン》という袖口につける縁飾りの布やレースを売っている。（下）

氷砂糖売り

二寸七分ほどの直径である小銅鑼を右手に持った木片で「ガン、ガン」と叩き鳴らしてくる氷砂糖売りである。日本のように砂糖を何にでも使う国から見れば、中国や蒙古方面はまるで使わないが、中国人は糖分のものを貴重としている。求めると、ポケットから藁半紙のような安紙を切ったのを出して包んでくれる。（左上）

背負い小布屋

大きな太鼓が小さい太鼓に代わっただけの違いである。音も違って「テンカラン、テンカラン」と、かん高い調子が出る。この小さい太鼓は、播稜鼓あるいは波浪鼓といって、宋代からあるという。これもでんでん太鼓式につくられている。（右）

油売り

大麻子《ダイマズ》、落花生《らっかせい》、綿花子から取れる油を売る人たちを大鈴鐺《ダイリンダン》という。五重塔や寺の軒先に下がっている風鈴に似た形をした、鉄でできた鈴を「リーン、リーン」と鳴らしてくる。（下）

解説

宮尾　慈良
宮尾　與男

はじめに

中国の看板は二種類ある。一つは文字に書かれた看板の招牌、いま一つは形象としての看板の望子あるいは幌子である。南方では招牌が多く、北方では望子が多いのは、漢民族でない満州人、女真人が入京した清代になってからである。かれらは独自の文字をもち、漢字を読むことができなかったことが望子を発達させる大きな要因となったといわれる。それぞれの店で売る品物を象った看板の下に紅布がついているのが特徴である。その紅布が風にそよぐと、私たちを招きよせているかのようである。こうした軒先や軒下にある看板をみていると、何か心惹かれる魅力的な雰囲気をかもし出している。中国の看板が民衆の智恵によってつくり出されたものと考えると、実にユニークな発想をもった国民性であることに気づかされる。

こうした看板と物売りを絵と文でまとめたのが、宮尾しげを（一九〇二〜八二）の『彩色中国看板図譜』（原著題名は『支那看板と物賣』）である。宮尾しげをは、大正一四（一九二五）年から昭和一三（一九三八）年にかけて数回にわたる中国への旅をしている。描かれた看板は、一九二〇年代後半から三〇年代後半という時期に限られているが、いうまでもなくその時期にその看板や物売りが、急につくられたものでも、また登場したものでもない。すでに清代末から存在していたもので、ちょうど日本の明治から大正年代に存在した看板と物売りである。いまから百年前の北京風物を描いた図誌となる。

いまも絵と文でまとめた類書がみられないことから、本書は中国の街頭風俗の歴史を知る貴重な資料となる。中国の人々は、中国文化史、風俗史、美術史に記録されることのなかった、多くの看板と物売りの存在に驚き、さらにこれらが日本人の画家によって描かれていたことにも驚くことであろう。まったく知られることのなかった中国の看板や物売りを収める『彩色中国看板図譜』は、清代における北京の文化を知る貴重な資料でもある。

一　『彩色中国看板図譜』について

『彩色中国看板図譜』の底本は、特装版『支那看板と物賣』である。昭和一四年九月二五日に発行された五〇部限定の私家版である。この特装版は、宮尾しげをが描いた全挿絵の一図一図に、自らが彩色を施した手彩色本で、特装版を所蔵する宮尾しげを記念會（没後、宮尾しげを旧蔵書を管理保存する組織）本のほかに、いま特装版の所蔵を聞かない。また古書市場、古書目録にも出ることがないのは、特装版が戦災などで焼失してしまったためであろう。この特装版の存在を知る人がないだけに、まさに本書は稀覯本の作品となる。

まず、底本の書誌などについて述べておく。

書型　縦一九・六センチ、横一三，五センチの大きさである。これは江戸時代に出版された中本に近い書型だが、少し大きい書型は製本の裁ち方によったものである。

装丁　本書には、花と幾何学文様の図柄で小紫色の帙がある。北京製の紙を使用してつくられたものである。帙の角には擦り切れた部分もみられるが、つくられた時代の色は維持されている。本書の表紙は、宮尾しげをが「北京にて求めし日本の千代紙にあたるもの」と見返しに記すように、ここでも北京製の紙を使用している。黄色地に青、紫、赤色で描かれた図柄であり、裏表紙も同じである。本文の印刷は、洋紙に刷り、それを袋綴にした康熙綴の和綴本（和装本）となっている。康熙綴とは六針眼訂法の六つの穴で綴じる方法で、六つ目綴じともいう。本の角には薄水色の角切れ（花切れ・花布ともいう）がついている。

題簽　帙の中央と表紙左肩に貼られた題簽に、宮尾しげを自筆による「支那看板と物賣」の書名がある。内扉にも「支那看板と物賣」とあることから、原題は『支那看板と物賣』である。

そのほか　特装版には、『支那街頭風俗集』という元版となる普及版があり、実業之日本社から昭和一四年五月に発行された。この普及版のなかの「支那看板集」と「街の物賣」の別刷りが特装版になった。特装版が全挿絵に彩色が施されているのに対して、この普及版は口絵となる頁だけがカラー印刷の彩色頁である。「支那看板集」の「料理屋・薬屋・烟草屋・嗅ぎ煙草や・質や・入れ歯屋・入れ眼屋・切麺や・安宿や・刀鍛冶・菓子屋（蒸菓子屋・干菓子屋）」の一三図、九頁分が彩色頁となる。したがって一〇頁以降はモノクロ印刷である。普及版のカラー印刷と特装版の手彩色の色に異なりをみるのは、当時の印刷技術における色調整の限界によるものであろう。もし普及版の一三図のほかの全図も、カラー印刷で刷られていたならば、当時としては画期的な彩色本の書物になっていたはずである。

それでも、この普及版の『支那街頭風俗集』が、一般に販売されたことで、本書の存在は知れわたり、その後の中国風俗を伝える書物のなかで、中国の看板や物売りを知る唯一の参考図書となっている。そのために描かれた挿絵の引用、転載の許可が著作権者に求められる機会が多くなった。戦前の中国の歴史、風俗、民俗、文学を専攻とする人々のなかには、いまも戦前の風俗を伝える資料の一書として所蔵する人が多い。しかし、この普及版が発行された昭和一四（一九三九）年から六五年もの歳月が経ち、普及版の存在も、またその陰に隠れた特装版の存在も、まったく知られなくなり、半世紀以上もの間、復刻や再版などなかった。

二　普及版『支那街頭風俗集』について

普及版の書名は『支那街頭風俗集』である。全二四六頁のうちの一八〇頁が、特装版の『支那看板と物賣』になった。普及版は定価が壹圓参拾銭で、昭和一四年五月六日の発行である。表紙カバーと本体表紙の装丁について、宮尾しげをは目次裏に「装幀について」として「包紙表面の圖案は支那の民間で一般に行はれてゐる暦の装飾畫をそのまゝ縮刷したもの、包紙の裏面および本冊の表紙は支那で手工として盛に行はれる切抜繪のお手本で、何れも著者が支那から持ち帰つたものである」と記している。

この表紙カバーと本体の表紙、背表紙にある題字の「支那街頭風俗集」「宮尾しげを著」は、宮尾しげをによるレタリング文字で書かれている。表紙カバーは色刷り印刷で、黄色地に中国年画の図がある。表紙裏も花瓶に寿桃を描いた「花開富貴」の中国年画である。ともに北京で購入したものとみられる。本体表紙は橙色の地に黒文字の題名と著者名がある。題字の下には、剪紙（図柄は不明）の白抜きを表紙絵とする。内扉も橙色の罫線で囲み、三列にわけた中央は橙色地、左右は白地で、中央には題名「支那街頭風俗集」、右上に「宮尾しげを著」、左下に「実業之日本社発行」とある。

本文の頁構成は、「序」（一、二頁）、「目次」（三頁）、「装幀並に畫　著者」「装幀について」（四頁）、「支那看板集」（一～一五六頁）、「街の物賣」（一五七～一八〇頁）、「支那芝居を見る心得(これだけ知つて置けば言葉は解らなくても、面白く支那芝居が楽しく見られる）音聞北京芝居譚(支那人は芝居狂・孤軍奮闘の崑曲劇・観劇料とチップ・支那劇の約束・小道具いろいろ・劇の種類・芝居を見にゆく迄・番附面の見方)。支那芝居雑話」（一八一～二二六頁）、「ちよいのぞき／支那の風俗(支那影戯・人力車・買物符号・支那食物漫談)」(二二七～二四〇頁)、「看板物売／索引」(一～六頁)。総頁二四六頁からなり、ほかに奥付(一頁)、広告(五頁)がある。

普及版の「序」は、特装版にも収めてあるが、『彩色中国看板図譜』では、新たに「はしがき―望子と物売り―」を挿入したために省略したので、ここに「序」の全文を載せておくことにする。

文字の國と謂はれてる支那も、孔子さまや孟子さまの時代は別として、今は哀けない事に、自分の名の滿足に書ける者は、たんと居ないと云ふ實情で。文字の書けると云ふのは大した者の中に入る。そんな事で手ッ取り早く、多くの商店では、商品の實物とか、畫とかを看板に出して、誰が見ても、これは何屋と云ふ事が一目で解る樣に仕組んでゐる。もつとも日本でも昔は、これに似た樣な看板が多かつたが、洒落氣たつぷりの物があつた事は幾分か進步的である。しかし支那方面へ旅行した日本人が、これら獨特の看板によつて隨分救はれて居る。言葉が滿足に通用しなくても、何屋が何處にあるのか判らぬ時、看板を目當に行けばすぐ解決する。しかし、これは永い事滯在してる時の事で、短期間では、そう簡單には行き兼る。そうした人の參考にもなり、また見てゐるだけでも樂しめるものとして、こゝに支那商牌集をまとめる事にした。目で見る看板の外に、耳で聞く商賣物として、行商人の事を加へて見た。主として北支から上海、南京方面へ掛けて飛び々の採集なので、店によつて形の幾分の變化、文字の相違などがあるので、こゝに集めた物で確定は出來ないが、似たり寄つたりであるから、大差は無いと思つて頂きたい。この一冊に集めた物は、全般に渉つたつもりであるが、描きもれもある事と思ふ。その點は前もつて御諒承を御願ひする。なほこれは滿州國にも通用するので、滿支旅行者の參考の一助にも成れば著者の喜びとするところである。

「序」で本書を「支那商牌集」と記しているのは、これを書名とするつもりであったからであろう。商牌とは看板のことである。この「支那商牌集」は、出版社の意向で「支那街頭風俗集」に変更したものとみられる。そのために、どうしても特装版の『支那看板と物賣』を作りたいという気持ちがあったと想像する。普及版の各扉の「支那看板集」「街の物賣」の小題は、その片鱗を残したものとみられる。

三　英文紹介の記事

昭和一五年四月に中国旅行案内の「Tourist」誌に、普及版による看板の一部が英文で紹介されている。掲載が出版の一年後であることから、よほど珍しい本、面白い本と雑誌記者は見たのだろう。雑誌はB4判体裁で、その見開き頁に載せる看板の挿絵は、すべて宮尾しげをによって描き直されている。本書以外の看板資料として、少しく異なった挿絵は貴重な資料にもなるので、この紹介記事の英文と挿絵の見開き頁を、ここに紹介しておこう。

看板は street-signs、shop-signs と訳しているように、街頭看板、商店看板である。ここに載せられる看板は、薬屋、料理屋、爆竹屋、楽器屋、両替屋、金属店、菓子屋、葬儀屋の八つの店舗である。

SIGNS
MANCHOUKUO

present either pictorially or in writing the class of goods sold, or suggest them indirectly. Others again, appealing to the superstitious, promise that dealing with that particular store will bring good luck, while the 'religious' signs indicate that Mohammedan customers are mainly catered for. The first sort are chiefly intended for the illiterate, and the 'suggestive' signs are not readily intelligible to foreigners, as their associations are mostly peculiar to the country.

Sketches by Shigeo Miyao.

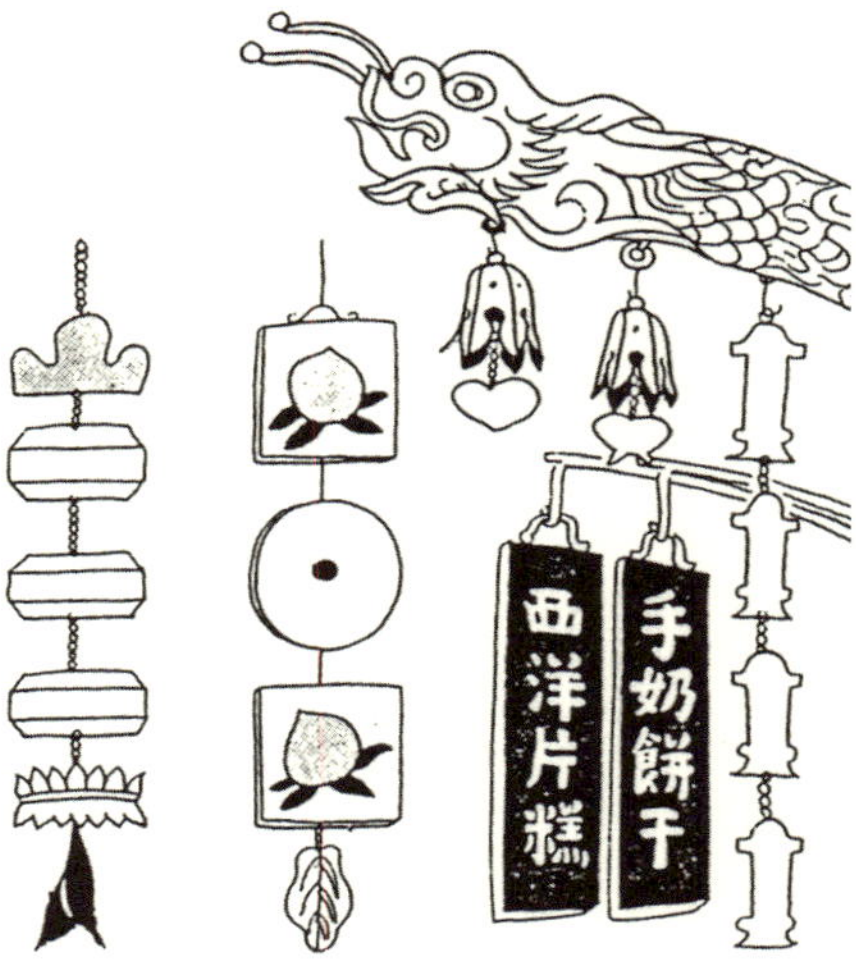

Above—Candy Stores: Of these signs, the two on the left are for stores dealing in Chinese candies, and the right-hand one, more elaborate in decorative effect, indicates that Western confectionery is on sale.

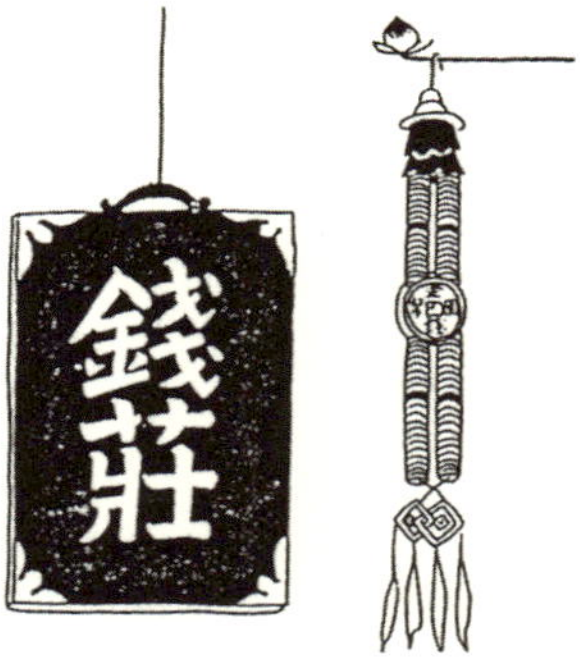

Right—Exchange shop: The Chinese characters on the left means an exchange shop. The sign on the right is made of coins strung together, each with a square hole in its center.

Below—Precious Metal Shop: A big pagoda-like sign is seen at the shop front of the dealer in precious metals, particularly silver ware.

Below—Funeral Outfit Shop: Small dummy horses, wheels and other things associated with the departed which are offered in sacrifice at the funeral services, are on sale at the shops where the accompanying objects are displayed.

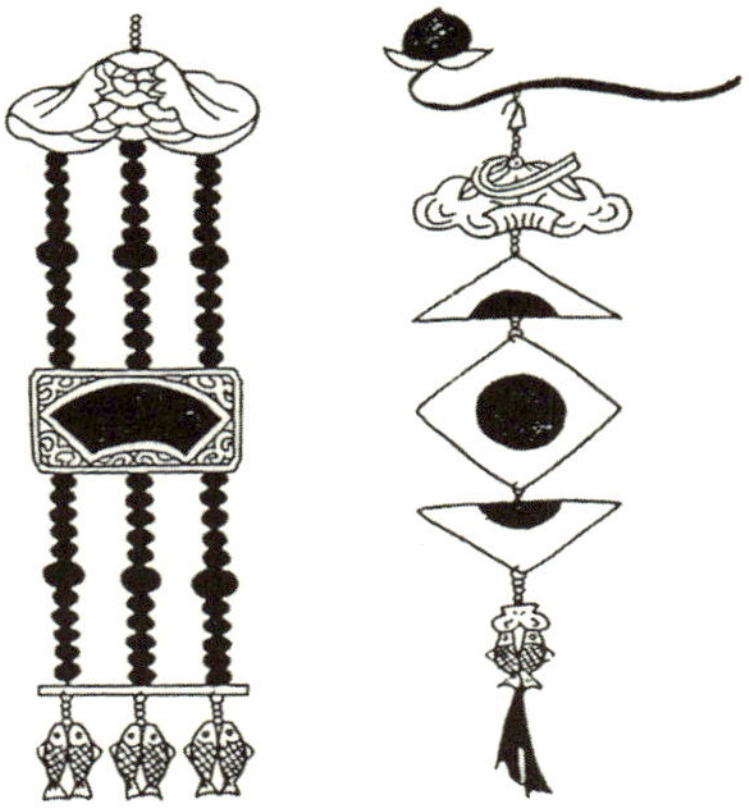

Among the features of street-scenes most interesting to the tourist in China and Manchoukuo are the shop-signs. As these signs often represent, either actually or pictorially, the things, or some of them, in which the shop deals, they naturally present a wide variety of shapes.

STREET-
IN CHINA AND

To each sign is invariably attached a piece of red cloth, usually square which, with one end tied to the sign, takes on a diamond shape. To the Chinese and the Manchus red is symbolical of good luck.

These signs are of many different kinds and colours. Some consist of actual objects or dummies, others

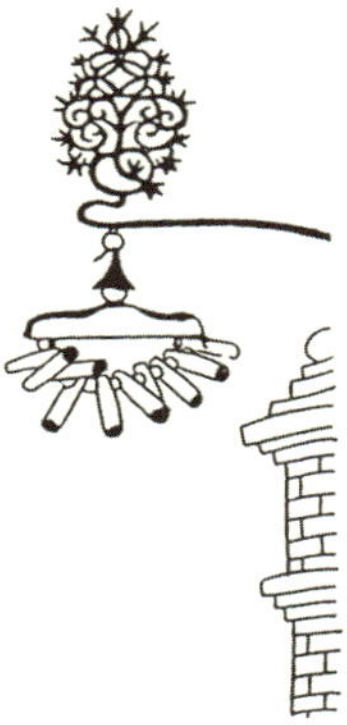

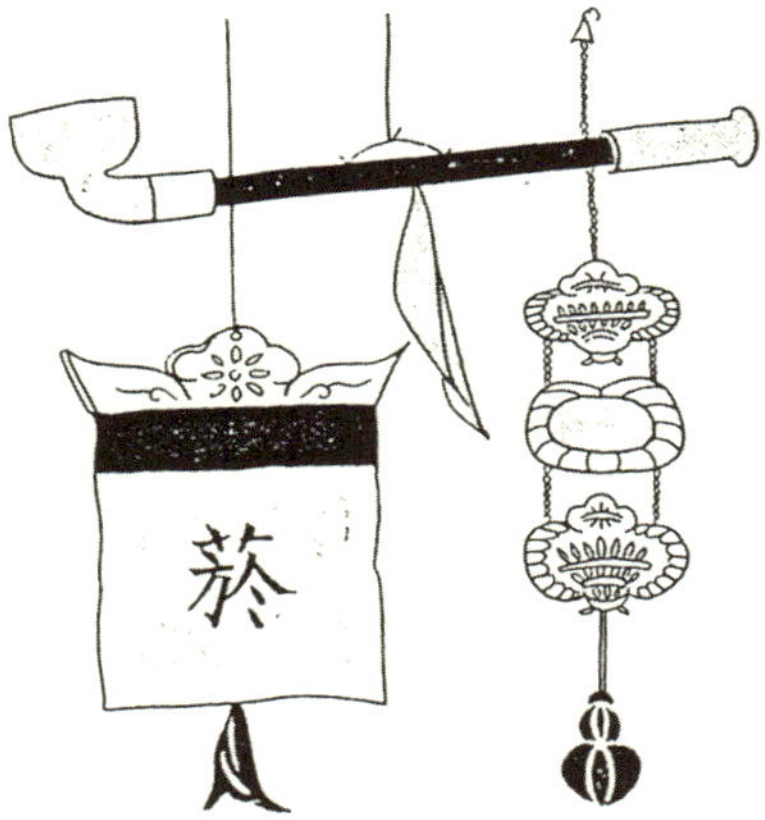

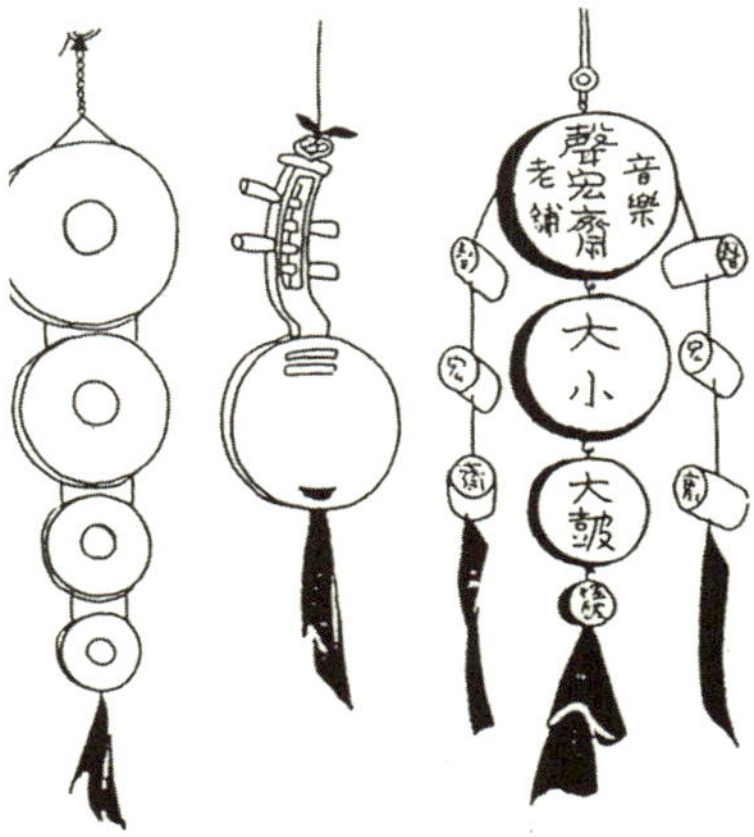

Left top—Drug Store: Pills are represented in the left-hand picture by the strings of little black balls, and plasters in the right by the square and the two triangles—each of which is half a plaster!

Left Centre-left—Restaurant: Restaurant signs are different in shape according to the kind and grade of the establishment, but the accompanying picture is common to almost all of them.

Left Centre-right—Fireworks Shop: The Chinese celebrate most special occasions, such as weddings, funerals and other festivals, by letting off squibs and crackers, such as are shown in the right-hand picture.

Left bottom—Shop for Musical Instruments: Various kinds of Chinese musical instruments are represented by these signs.

Above—Tobacconist's: The Chinese character in the accompanying picture means 'leaf tobacco.' The sign on the right is for a snuff shop.

Tourist, April 1940

STREET—SIGNS
CHINA AND MANCHOUKUO

Among the features of street – scenes most interesting to the tourist in China and Manchoukuo are the shop – signs. As these signs often represent, either actually or pictorially, the things , or some of them, in which the shop deals, they naturally present a wide variety of shapes.

To each sign is invariably attached a piece of red cloth, usually square which, with one end tied to the sign, takes on a diamond shape. To the Chinese and the Manchus red is symbolical of good luck.

These signs are of many different kinds and colours. Some consist of actual objects or dummies, others present either pictorially or in writing the class of goods sold, or suggest them indirectly. Others again, appealing to the superstitious, promise that dealing with that particular store will bring good luck, while the 'religious' signs indicate that Mohammedan customers are mainly catered for. The first sort are chiefly intended for the illiterate, and the 'suggestive' signs are not readily intelligible to foreigners, as their associations are mostly peculiar to the country.

Sketches by Shigeo Miyao.

Left top — Drug Store : Pills are represented in the left-hand picture by the strings of little blacks balls, and plasters in the right by the square and the two triangles – each of which is half a plaster !

Left center — left — Restaurant : Restaurant signs are different in shape according to the kind and grade of the establishment, but the accompanying picture is common to almost all of them.

Left Centre — right — Fireworks Shop : The Chinese celebrate most special occasions, such as weddings, funerals and other festivals, by letting off squibs and crackers, such as are shown in the right — hand picture.

Left bottom — Shop for Musical Instruments : Various kinds of Chinese musical instruments are represented by these signs.

Above — Tobacconist's : The Chinese characters in the accompanying picture means 'leaf tobacco.' The sign on the right is for a snuff shop.

Right — Exchange shop : The Chinese characters on the left means an exchange shop. The sign on the right is made of coins strung together, each with a square hole in its center.

Below — Precious Metal Shop : A big pagoda — like sign is seen at the shop front of the dealer in precious metals, particularly silver ware.

Above — Candy Stores : Of these signs, the two on the left are for stores dealing in Chinese candies, and the right — hand one, more elaborate in decorative effect, indicates that Western confectionary is on sale.

Below — Funeral Outfit Shop : Small dummy horse, wheels and other things associated with the departed which are offered in sacrifice at the funeral services, are on sale at the shops where the accompanying objects are displayed.

四　本書の内容

本書は、「支那看板」一一二種、「街の物売」三三種を収めている。宮尾しげをが「序」で述べているように、まだまだ漏れているものもあるであろう。それにしても、さまざまな看板と物売りの行商人が紹介されている。これらを見開きで紹介し、看板はそれぞれを一つか二つ（なかには楽器屋の六つもある）、物売りは三つずつを紹介している。右の偶数頁に解説、左の奇数頁に挿絵を載せ、解説のなかの用語は、現地で聞いた北京語発音を漢字の脇にカタカナで記し、また名称、看板文字も、通訳の杜默靖を通じて店の主人から聞き出したものが記されている。そのときの会話口調までを文章で表現しているのは楽しい。のちに日本の温泉の旅行記や祭りの旅などの随筆紀行文集と同じように、本書は宮尾しげをの外国紀行文集の一つである。

宮尾しげを記念會所蔵の普及版の一書には、自筆による追加メモ、誤字、脱字の訂正、追加文章の書き込みなどを記した著者「手控え本」がある。この大幅な改稿がなされている解説を判読し、整理して、このたびの本文を作成した。この著者「手控え本」によって、宮尾しげをが旧版の改訂増補版の出版を用意していたことを知る。

さて、本書に収めた看板のなかには、このようなものも看板であるのかといったものがみられる。宮尾しげをは、板に文字や飾りのある看板の一般的な概念に対して、中国の看板のように、店を構えて品物を置いていれば、すべて看板として表現されたものといった概念で、看板をとらえなおしている。こうしたさまざまな中国らしい珍しい看板を加えたことで、資料的な価値を高めることになったのは幸いであった。ここに描かれた看板や物売りを、宮尾しげをがスケッチする契機は、看板が中国風俗を代表するものとみたからである。スケッチしていくうちに、看板の面白さ、不思議さを感じて、中国の看板と物売りを一書にまとめようと考えたとみられる。

すでに宮尾しげをには、絵と文による『文楽人形　手と足』（昭和一一（一九三六）年）がある。その後、『文楽人形図譜』（時代社、昭和一七（一九四二）年）のなかに収められるが、ここには文楽人形の世界をすべてスケッチし、それぞれを解説する方法でまとめている。人形のかしら、人形の手と足、人形のかつら、小道具などを描いた「絵解き文楽人形」の本といえる。のちに『図説　文楽人形』（中林出版社、昭和四二（一九六七）年）と題して再版され、題名に図譜、図説を残したのは、絵と文によるものが宮尾しげをのスタイルになっていたからである。ほかに日本舞踊の小道具をまとめた『をどりの小道具』（能楽書林、昭和二〇（一九四五）年）も作られている。いまも文楽、日本舞踊に絵と文による類書が存在していないのをみても、絵と文による作品集は宮尾しげをの特徴となり、宮尾しげをを独特のスケッチは、他の画家にも模倣できないものになっていた。

しかし、こうした文楽でスケッチしたものが、最初から一冊の単行本になったのではなく、同人雑誌の「ホウズキ」（二・三・九号。昭和九〜一五（一九三四〜四〇）年）や「旅と伝説」などに、連載という形で発表している。この『文楽人形図譜』は、のちに日本文学研究者ドナルド・キーン（Donald Keene）の『Bunraku : The Art of the Japanese Puppet Theatre（「文楽」）』（Kodanasha International, Palo Alto, Calif, 1965）の文献資料にもあげられ、また日本文学研究者スタンリー・ジョーンズ（Stanleigh Jones）の『Sugawara and the Secrets of Calligraphy（「菅原伝授手習鑑研究」）』（Colombia University Press,

New York, 1985)には、多くの図版を転載している。このことは、明治四三（一九一〇）年、日本美術における浮世絵の再評価を提示したドイツ人、ユリウス・クルト（Julius Kurth）の『sharaku（写楽）』(R. Piper & Co., Veriag, Munich, Germany, 1910）が、浮世絵研究のはじまりとなった現象と符合する。私はカリフォニア州にあるポモナ大学（Pomona College）の研究室に、スタンリー・ジョーンズを訪ねて話をしたとき、「いかに絵で描かれた『文楽人形図譜』が、文楽の世界を理解するのに役立ったか」とジョーンズ氏は語られた。こうした外国人のもつ作品や書物に対する、日本人にはつかむことのできない、必要な書物を選ぶ的確な判断力と同じものが、宮尾しげをの発想のなかにもあったとみられる。文楽、看板、日本舞踊などを絵と文で表現したところは、外国人たちのとらえる眼と似ているからである。看板を英文で紹介した「Tourist」誌の記者も、宮尾しげをの観察力と表現力の眼に驚いたに相違ない。

宮尾しげをのスケッチ帖は、スケッチのほかにも聞き書きや交通費の金額を記したり、実物の資料などを貼ったりした、いまでいう人類学者のフィールドノートである。戦前のスケッチ帖を戦災でほとんど焼失したため、中国の看板を描いたスケッチ帖はみられない。戦前、戦後のスケッチ帖は和紙で作られた手製のもので、絵は毛筆で描かれた。矢立の筆のほかにも、何本かの筆を持参し、宿に帰るとスケッチしたものに絵具や色鉛筆、クレヨンなどで彩色を施すのが旅先での日課であった。中国でのスケッチも筆で描かれたものとみられる。中国の旅先では、スケッチ帖に多くの看板を画き、通訳の人にあれこれ聞いたメモがすべて失われてしまったという。このスケッチ帖の焼失は惜しまれる。看板を描くことを目的とした、出版の前年の昭和一三年の旅では、新たな看板や物売りなどを探して、たくさん描いたとみられる。そのためにいつもより多くのスケッチ帖を、リュックサックの中に入れたという。

五　著者の中国旅行

宮尾しげをが中国へ旅行したのは、大正一四（一九二五）年、東京漫画会、日本漫画会会員らとともに行った朝鮮、満州のときである。その後、上海、海南島、北京、満州へ軍の慰問団として各地を旅して、日本の雑誌に紀行文を寄稿している。そのなかに風俗や面白い看板についての記事があるので、こうした旅行のなかで、多くの看板スケッチがされたことがわかる。

そして、昭和一三（一九三八）年夏、早稲田大学演劇博物館より満蒙演劇資料蒐集という名目で北京を訪れたときにも、さらに珍しい看板を描いている。この旅行は演劇研究者の小寺融吉、印南喬両氏との三人旅であった。現在、演劇博物館の東洋演劇室にある京劇の衣裳、楽器、台本、影絵人形などの貴重な所蔵物は、そのときに蒐集したものである。小寺融吉氏は『近代舞踊史論』『舞踊の美学的研究』『郷土舞踊と盆踊』などを著した舞踊研究者、印南喬氏は『支那の影絵芝居』を著した演劇学者である。

当時のことを印南喬氏が「演劇博物館報五八号」（昭和六二（一九八七）年九月）に「宮尾さんとの長旅」と題して記している。外務省と満鉄のお墨付きで、現地における待遇は至れり尽せり、満鉄が全線の無料パスをくれ、蒙古王や李将軍に拝謁の栄を得たなどと、よほどいい待遇であったことがわかる。宮尾しげを記念會には、博物館嘱託の辞令書「北支満蒙演劇調査旅行嘱託書」が残っていて、「六月七日より八月五日まで」の二ヶ月の調査だったことがわかる。そのあと、一ヶ月近くを一人で取材しているが、そのときに、看板と物売りのスケッチと情報をさらに詳しく書き加えていったのである。

宮尾しげをは看板のスケッチについて、「早朝に一台の人力車を頼み、それに乗りながら、スケッチする看板をみつけると描き、スケッチを終えると、また面白い看板を探しに走り回った。街を歩きながらのスケッチでは、スケッチをしているところを中国人が囲み、中国人はニコニコしながら看板の描かれていくのを眺めていた」という。

さらに、「看板を指さし、「これは何ですか」と聞くと、まず中国語の発音を記し、分らないことがあれば、店の主人に質問をしながらメモをしていく。一日に五、六軒ぐらいしかできない。また、前に行ったときにあった店がなくなっていたり、一週間もしないうちに店構えが変わったりすることもあって驚くことが多かった」ともいっていた。こうして蒐集した看板図絵のスケッチを、時間をかけて作り上げていったのである。他国の文化を理解するには、現地の人との出会いや言葉が求められるが、スケッチを通しての交流はめずらしかったのではないだろうか。

六　日本と中国の街頭風俗について

看板だけを描いた類書がないことはすでに述べたが、日本では、江戸時代の天保一二（一八四一）年に刊行された柳亭種彦の『用捨箱』に「うどん」の看板が、いくつか描かれている。しかし、当時の随筆本には看板の記述はあるが、肝心の看板図となると描かれているものは少ない。絵は随筆本よりも黄表紙、笑話本などの挿絵や風俗絵本などにみることができる。こうした日本の看板を集めた一書が江戸時代に作られていないのは、日本の看板に特徴をもつものが少なかったからであろう。たとえば、『七十五日』（天明七（一七八七）年）には、菓子類の商店の八十五軒、すしの商店の二十三軒、そば、うどん類の商店の十四軒などの引き札が掲げられている。「初物を食えば七十五日、生き延びる」を書名にするように、評判の店を紹介する新版の意味をかけた本書に収める引き札は、看板であった可能性もあるが、そのほとんどは老舗の包装紙にみられる商標であろう。

その後、便利な独案内《ひとり》書の『江戸買物独案内』（文政七（一八二四）年）や『江戸食物独／上戸／下戸／案内』（慶応二（一八六六）年）がまとめられ、いろいろな店を記した書物が出ている。その多くは同じ商標の看板の形で屋号だけを書き代えたものである。略称の屋号を一目でわかる横本の懐中本であった。この便利な書物に特徴ある看板は描かれていない。こうした日本看板または看板を含めた街頭風俗の書物に対し、中国にも看板だけを描いている書はなく、多くは風土書として、少しく触れているだけである。

風土書というと、一二世紀の北宋における首都、汴京（現在の河南省開封）の風俗を記した孟元老の『東京夢華録』（紹興一七（一一四七）年）の巻八、中秋に「中秋節の前に、もろもろの酒店はみな新酒を売る。店の表に綵楼を新しく組み立て、色を塗った竿の先に花飾りを付け、酔仙を刺繍した錦の旆を立てる。町の人は争って飲みにゆく。昼過ぎごろになって、どの店も酒がなくなると、看板（望子）を下ろす。」という一文がみられる。錦の旗による望子が見出せる。また一三世紀の南宋の風俗を記した『都城紀勝』『繁勝録』『夢梁録』『武林旧事』なども知られ、年中行事、風俗、芸能などの記述はみられるが、当然ながら看板に関する記録はない。

日本人が中国の風俗行事に関心を抱いたのは、江戸時代の寛政一一（一七九九）年、長崎奉行の中川忠英が、長崎に来た浙江、福建、江蘇の清国商人に、彼地の風俗を画師に画かせたと記述する『清俗紀聞』（平凡社、東洋文庫七〇・八二、昭和四三（一九六八）年三月、七月）に遡る。この書には看板についての記述はないが、のちに青木正児氏が『北京風俗画譜』を編纂する契機になった書である。風物誌として龍踊りや楽器などの図絵をみることができる、唯一の南方の風俗を描いた書である。

それに対して、北方の風俗を記述した書に敦崇の『燕京歳時記』がある。原本は光緒丙午（一九〇六）年に、北京、瑠璃廠の文徳齋から刊行されているので、日本の明治末における歳時記となる。元旦から除夕に至る行事にかかわる風俗、物産、技芸などを記している。それまでにすでに北京に関する風土書は、梁代に宗懍の『荊楚歳時記』、明清代に劉侗の『帝京景物略』、官撰の『日下旧聞考』などがあり、敦崇はこれらの記述をかなり引用している。『燕京歳時記』は一九三五年にイギリス人 Derk Bodde によって英語で翻訳されたことから世界的に知れわたった。英訳書のタイトルは "Annual Customs and Festivals in Peking" で、North-China Daily News から一九三五年九月二一日に刊行されている。この英訳本は、一九六五年に香港大学出版部から千部限定で出版され、宮尾しげをは、この限定本を香港西環の中国書店で購入している。香港大学出版部本には、当時ペンシルヴァニア大学に在職中であった Bodde 博士の二版序文が載せられている。

日本では、『燕京歳時記』は昭和一六（一九四一）年に小野勝年氏の詳細な訳注をともなって翻訳されているが、書名は『北京年中行事記』（岩波文庫）となっている。そののち改訂増補版が『燕京歳時記―北京年中行事記』（平凡社、東洋文庫八三、昭和四二（一九六七）年一月）の原題に復した書名で刊行している。本書『彩色中国看板図譜』と関係する爆竹、燈蝋、菓子類、玩具などの記述を見ることが出来るが、看板については一行も記されていない。

ところで、大正一四（一九二五）年から一五年にかけて北京に留学した、中国文学者の青木正児氏が、北京の風俗図を作らせることを思いたったのは、休暇で下関に帰郷したとき、古物屋で『清俗紀聞』を見出して、清代の風俗が絵入りで詳説されていることに感銘を受けたことによる。さらに江戸時代の山東京伝の『骨董集』、柳亭種彦の『還魂紙料』、喜多村信節の『瓦礫雑考』、『筠庭雑考』などの書にも古図を徴引して、昔の風俗器物を考証していることに心が牽かれ、中華の風俗を研究するには、この記述方法に学ぶべきであると痛感して、北京の風俗を図絵で蒐集することを思いたったと『中華名物考』(春秋社、昭和三四(一九五九)年)の序文に書いている。

青木氏の住んでいた東四牌楼あたりの商店には、昔ながらの望子(看板)がいろいろと軒先に吊るされていて、そうした望子もいずれは影をひそめるにちがいないと思い、「望子(看板)考」(「文化」第一巻第三号、昭和九(一九三四)年二月。のちに『支那文学芸術考』弘文堂、昭和一七(一九四二)年に所収)を記している。この論考によると、中国の看板は文字看板の「招牌」と商品の形状を模して、象徴した看板の「望子」があり、文字を理解する者には、招牌は役立つが、文字を知らない者には望子は便利であると述べ、文化が普及していない地方に望子が適している。とくに漢字を読むことが出来ない満州人、女真人などが首都に移り住むことで、望子が多くなったと述べている。北京で望子の語が見出されるのは、清代の乾隆年間に刊行された翟灝『通俗編』巻二六)にみられる「凡市賈所懸標識、悉呼望子。訛其音乃云幌子」と青木氏は記している。

だが、青木氏が留学したときは、北京でも前門外の盛り場に立ち並ぶ新式の商店には、すでに望子はほとんど見られず、東四牌楼の旧式の商店街は、昔ながらの望子が種々の形をもって、軒端に吊るされていた。こうした昔時を残す北京の風俗を、歳時、礼俗、宮室、服飾、器用、市井、娯楽、伎芸などの九部細目にわけて、土地の画工に風俗を画かせたのが『北京風俗図譜』である。この原本は、現在も青木氏が奉職していた東北大学の図書館にある。しかし、望子に関しての図絵は、わずかに三図しか収められていない。この図譜は、東北大学の内田道夫氏によって、東洋文庫二三・三〇の二巻本として昭和三九（一九六四）年に刊行された。その後、昭和六一年（一九八六）年六月に特装版として、A4の横版で、全挿絵の色刷り本が発行されている。

昭和一四（一九三九）年、天津に住んでいた井岡大輔氏が『随録　一簣』（のちに『意匠資料　満州歳時記考』と改題して村田書店から刊行）を著している。この書には昭和一一年に書かれた「満州の看板」が収められている。また、中島幸三郎氏が『支那行商人とその楽器』（冨山房、昭和一六（一九四一）年二月）を刊行し、北京にみる行商人を人形で拵え、物売りの解説を詳しく記している。これらの泥人形がいまも存在しているかどうかはわからないが、これらが存在していれば貴重な人形の記録となる。

昭和一八（一九四三）年、長く北京に居住していた高木建夫氏が『北京横丁』（再版、新生社、昭和五〇（一九七五）年）を著している。高木氏は大正一三年に北京法文学堂に留学し、昭和二年に帰国、さらに東亜新報、華北日報の記者として昭和一三年から二一年まで北京に滞在している。青木正児氏と同じ時期に北京に留学し、その後の新聞記者としての取材をもとに、とくに胡同にみる食べ物屋や物売りについて記している。

高木氏も北京の街に見られる幌子について記している。多くの幌子が人目を惹くのは、「文字のわからぬものに、その店え商う商品の種類を知らせようというのだから、中国語のわからぬ外国人にも、特殊なものをのぞいてはわかりすい」（「かんばん」一一二頁）として、湯麺舗、回回料理、扇売り、材木や、水売り、靴やなどの幌子に触れている。当時は、北京の風情はモノトーンであったのか、「幌子の美しさは、カラリとはれた青空の時に、はじめて鮮やかに視覚的な効果を出す。紺碧の空から降って来る紫外線をふんだんにうけて、赤や黄や青や金や銀に塗られた幌子が、陽光と相映ずる美しさは、単に客の眼を惹くためだけの美しさから超越して民俗の詩を形象している。」（「湯麵舗」八五頁）と、色彩として目立つ幌子は、店先の軒下に吊るされて、高い建築物もない街中では美しさを独り占めしているようであったようだ。

また、胡同の呼び声（貨声）について、「胡同は蓄音機と同じ音道の作用をもっている。胡同の呼び声は、それが相当の収斂をつんだ声でなくとも、じつによくひびく。つまり、胡同の両側はおおむね厚い壁であり、その壁が、音を一直線に伝わらせる伝声管のような役目をつとめているものと考えられるのだ。院子の奥の方の房子にひきこもっていても、物売りの梆子（拍子木）のひびきや、銅鑼の音や、換頭（床屋）の音叉の物倦い音が、じつにはっきりと聴こえて来る。ことに冬の大気はカラカラに乾いて、澄んで、おまけにぴーんと固い感じであるから、物売りの声がカンカンひびきわたって来る。」（「貨声」四八頁）と書いている。音がすれば、その音のする方に歩いていけば、いたるところで物売りに出会うと、宮尾しげをがいつもいっていたことを思い出す。

かつて、インドネシアのジャワ島ジョクジャカルタに一緒に出かけたとき、物売りが音を鳴らしながら叫ぶ声は、現代のやかましい音も聞こえてこない土地では、森や土塀が音響効果をもたらすのだろうか、よく耳に入ってくる。それとは対象的に、家のなかでの音楽演奏は外に聞こえない。家屋の構造がそうさせるのである。ところが、現代建築は、こうした音を消滅してしまう構造になっている。北京の風情がなくなったのも、その要因が現代文化にあるのは皮肉なものである。

ところで、宮尾しげをはアジア各地での旅先でも、中国の風土書を求めて購入している。台湾では台湾商務印書館で『燕京歳時記』や婁子匡『新年風俗志』（一九一九年刊行、一九六七年改訂版）、高玉樹『臺北市歳時紀録』（臺北文献五、臺北市文献委員会、民国五七年）、呉瀛濤『臺灣民俗』（衆文図書公司、民国六四年）、Woleram Eberhard, "Chinese Festivals" (Book World Company, Taipei, 1969)、シンガポールではC.S. Wong" A Cycle of Chinese Festivities" (Malaysia Publishing House Limited, Singapore, 1967. 黄存燊『節令研究』）などである。旅先でのフィールドノートは、事細かにスケッチとメモを記している。アジア各地に残る中国街には、昔の中国の風俗をいまだ残しているので、現代における中国の風俗を記録する必要があると考えて、精力的に風土書を蒐集している。

このような中国の風俗図譜の歴史をみても、『彩色中国看板図譜』のような看板を百種以上も描いた本はみられない。日本と中国の風俗を知るうえで、『彩色中国看板図譜』の役割とその存在は大きい。その役割を果たした例が、天理大学参考館にある実物の北京の看板を蒐集する契機をつくったことである。北京の崇文門大街にあった一三六点もの幌子コレクションは、昭和一五年に天理教二代真柱中山正善の発意による蒐集とされる。昭和一五年は『支那街頭風俗集』刊行の翌年である。

私は宮尾しげをと親交のあった、富永牧太天理大学附属図書館館長を訪ねたおり、館長室で「あれは、お父上の作られた私家版の彩色本を真柱に御覧にいれて、蒐集することになったのですよ。実に驚きました。ほぼ同じものが蒐集できたのですから、本がなかったらできませんでした」といわれた。富永館長にお会いできなかったら、この看板の話も聞けなかったことになる。

このように彩色本が、ふたたび世に公開されることは、普及版の果たした役割以上の価値を持つことになるのはいうまでもない。

あとがき

『彩色中国看板図譜』の刊行は、平成一五年の宮尾しげを生誕百年、没後二〇年記念として企画したものである。宮尾しげを記念會にある特装版を見たのは、昭和三〇年代前半であるから、すでに四〇年近く前になる。その後、私たちは香港、台湾に行く機会が多くなり、新しい看板をみるたびに、特装版のことをつねに旅先で思い出した。生前、宮尾しげをとの台湾旅行では、台北、嘉義、阿里山、北港と、どこへ行っても見るものすべてをスケッチする。スケッチ帖に描かれる看板は、新しい台湾のものであるが、これもこの時代の看板の記録となって残っている。

また、宮尾しげを生誕百年記念の本書を刊行する国書刊行會から、もう一冊刊行することになっている。昭和一一年から蒐集する、各地の絵馬師の描く小絵馬と、各地に残る絵馬六百余図をまとめた『宮尾しげを蒐集　小絵馬集成』(仮称)である。この書も『彩色中国看板図譜』の底本と同じく私家版の二五部または三〇部の限定版である。昭和四八年までの間に三〇数冊が作られている。定期購入者のほかに、この原本を知る人は少ない。これも稀覯本の一書である。

本文語注および解説と索引の作成は、宮尾慈良、宮尾與男の二人による共同作業である。なお、普及版にある「支那芝居を見る心得・支那芝居雑輪・支那の風物」や、ほかの雑誌に掲載した中国玩具、街頭風景などの旅行記などの原稿が多くあるので、これらもいずれはまとめておきたいと思う。

最後に、特装版の『支那看板と物賣』の原著を保存する宮尾しげを記念會代表者である宮尾幸子氏および宮尾文榮、宮尾奈ミ加両氏には、本書の全挿絵の使用と著作権使用の許可を得た。同記念會のご協力に御礼を申し上げるとともに、感謝する次第である。

宮尾しげを略歴

［明治期］［大正期］［昭和期・戦前］［昭和期・戦後］［没後］の五期にわけた略年譜を作成した。

［明治期］

明治三五年七月二四日、東京市浅草区蔵前旅籠町に父金太郎、母くみの二男、重男として生まれる。育英小学校卒。精美高校卒。その後、水道端美術学校、正則英語学校などに通う。

［大正期］

大正九年、岡本一平に師事する。同一〇年、東京毎日新聞社に入社。同一一年、東京毎夕新聞社に移る。吉川英治、川上三太郎がいる学芸部に属す。「漫画太郎」連載。同一二年八月、初著作作品『漫画太郎』（毎夕新聞社）。一一月、『武者修行団子串助漫遊記』連載。同一四年、『団子串助漫遊記』（講談社）。同一五年、『風来国』（草文社）『一休さあんと珍助』（草文社）。

［昭和期・戦前］

昭和二年、『かるとびかるすけ』（講談社）『悟空東遊記』（草文社）。同三年、『漫画西遊記』（婦女界社）『忍術天地丸』（講談社）。同四年、『ゐだ天五郎』（草文社）『ヨタと冗談』（磯部甲陽堂）『今弁慶』（講談社）。同五年、『小噺再度目見得』（小噺頒布会）。同六年、『鼻尾凸助漫遊記』（講談社）『漫画のお祭』（講談社）。同七年、『校註黄表紙代表作選』（江戸文化研究会）『あっぱれ無茶修業』（婦女界社）。同八年、『〇□サン〻助サン』（講談社）。童心漫画団会長。同九年、雑誌「小はなし研究」創刊。

昭和一一年、『奈良の絵馬』（その社）。同一三年、『講談社の絵本　一休さん』（講談社）。同一四年、

『支那街頭風俗集』（実業之日本社）『孫悟空』（講談社）『未翻刻笑話集』（小噺頒布会）『寛政笑話集』（小噺頒布会）。同一七年、『文楽人形図譜』（時代社）。同一八年、『近世笑話文学』（大東出版社）『絵と文　四国遍路』（鶴書房）。

［昭和期・戦後］

昭和二〇年、『をどりの小道具』（能楽書林）。同二二年、『還咲小咄草子』（粋古堂）。同二五年、『江戸小咄全集』（同刊行会）。同二六年、日本近世文学会委員。同二七年、『好色江戸小咄集』（第一出版社）。東京都文化財専門委員。同二八年、『風流江戸小咄』（日本出版協同）。同二九年、『東京都の郷土芸能』（一古堂書店）『祭り風土記』（住吉書店）『続風流江戸小咄』（日本出版協同）。

昭和三〇年、『近世笑話本集』（古典文庫）『珍しい写真 集東京そのむかし』（アソカ書房）『アルバム日本の郷土芸能と行事』（未來社）『旅に拾った話』（朋文堂）。同三一年、『お好み江戸ばなし』（美和書院）『日本昔話集』（高文社）。同三二年、『年中行事 今と昔』（ダヴィット社）。日展「淡路の人形芝居」初入選。同三四年、『新奥の細道』（未來社）『風流小ばなし銘々録』（美和書院）『日本風流小咄集』（美和書院）。『風俗画報索引』（青蛙房）。同三五年、『すし物語』（井上書房）。同三六年、『風流旅日記』（えくらん社）。同三七年、『江戸歌舞伎団扇絵』（井上書房）『日蓮の歩んだ道』（第二書房）『民謡歴史散歩』（河出書房新社）。日本浮世絵協会理事。同三八年、『東京 今と昔Ⅰ・Ⅱ』（保育社）。

昭和四〇年、社会教育功労者受賞。同四一年、『風流吉原こばなし』（高文社）『諸国祭礼行脚』（修道社）『未翻刻絵入江戸小ばなし十種』（近世風俗研究会）『未翻刻絵入江戸小咄十二種』（近世風俗研究会）。同四二年、『日本の戯画』（第一法規）『図説文楽人形』（中林出版）『能と民俗芸能』（檜書店）。同四三年、

『日本祭礼行事事典』（修道社）『日本の民俗芸能』（鹿島出版会）。同四四年、『鳥羽絵　人物略画』（岩崎美術社）『葛飾北斎　女の素描』（岩崎美術社）。一一月、紫綬褒章受章。同四五年、『江戸庶民街芸風俗誌』（展望社）『江戸庶民の風俗誌』（展望社）。大阪万国博覧会「日本の市」演出。同四六年、『郷土芸能とお祭り』（弘済出版社）『江戸小咄集1・2』（平凡社）。日本民謡協会理事長。同四八年、『民家スケッチ紀行』（淡交社）。同四九年、東京都文化功労賞受賞。

昭和五〇年『江戸川柳の味わい方』（明治書院）『江戸風流小咄』（日輪閣）『名所江戸百景1』（集英社）『日本民謡全集』（雄山閣）『芸能民俗学』（伝統と現代社）。勲四等旭日小綬章受章。同五一年、『名所江戸百景2』（集英社）。同五二年、『孫悟空』（講談社）『地方狂言の研究』（檜書店）『郷土玩具はなし』（駿々堂）。同五三年、『絵でみる　信州の祭と行事』（第一法規）『鮨』（東京書房）。同五四年、『落語かるた』（新泉社）。同五五年、『諸国の祭と芸能』（三省堂）。

昭和五七年一〇月二日、没。

［没後］

昭和五九年、『いろはにお江戸小咄づくし』（明日香出版）『文楽人形図譜』（かのう書房）『新奥の細道』（かのう書房）『下タ町風物誌』（かのう書房）『しげを漫画図鑑1』（かのう書房）。

平成二年、『旅に拾った話』（中央公論社）。同四年、『名所江戸百景』（集英社）。同一四年、『新・講談社の絵本　一休さん』（講談社）。同一六年『彩色中国看板図譜』（国書刊行会）。

索引

凡例

一　主要な事項の検索をはかるために編集した。
一　配列は現代仮名遣いに準じた五十音順とした。
一　中国語は新字体にし、音読みとした。
一　書名は『　』に入れた。
一　表記が単一でない場合は、該当する表記の下に（　）に入れて異表記を注記した。
一　親項目に関連する複合項目は子項目として「――」をもって省略した。
一　難読と思われるものには、適宜（　）に入れて、読み方を記したものもある。

あ

す

せ

そ

た

て

と

【編注者略歴】

宮尾慈良（みやお・じりょう）
演劇学者。早稲田大学・慶應義塾大学講師。文学修士・芸術学博士。早稲田大学大学院文学研究科芸術学（演劇）専攻修士課程修了。East West Centre 給費奨学生としてハワイ大学大学院演劇研究科博士課程留学。
著書　『アジアの人形劇』『アジア演劇人類学の世界』『アジア演劇の原風景』（三一書房）『アジア舞踊の人類学』（PARCO出版）『アジア人形博物館』（大和書房）『宇宙を映す身体　アジア舞踊』『世界の民族舞踊』（新書館）『東南アジア演劇史研究』（鼎書房）『舞踊』（日本語監修、同朋舎・角川書店）『アジアの芸術論演劇理論集』（編著、勉誠社）

宮尾與男（みやお・よしお）
近世文学・文化研究者。日本大学講師。文学修士。日本大学大学院文学研究科国文学専攻博士課程修了。
著書　『台湾大学国書資料集』（自榛文庫）『江戸笑話集』（ほるぷ出版）『元禄舌耕文芸の研究』（笠間書院）『上方舌耕文芸史の研究』（勉誠出版）『元禄期笑話本集』（話藝研究會）『上方咄の会本集成』（和泉書院）『集古索引』（思文閣出版）『諸国年中行事』（八坂書房）『江戸と東京　風俗野史』（国書刊行会）『醒睡笑』（双渓舎）

一九三〇年代の街路風物
彩色中国看板図譜
平成一六年五月二〇日　初版第一刷発行

宮尾しげを　著
宮尾慈良　宮尾與男　編注

発行所　株式会社　国書刊行会
東京都板橋区志村一―一三―一五　郵便番号　一七四―〇〇五六
電話　〇三―五九七〇―七四二一
ファックス　〇三―五九七〇―七四二七
http://www.kokusho.co.jp

組版
印刷　株式会社ショーエーグラフィックス
製本　有限会社青木製本

ISBN4-336-04629-8　C0072　＊乱丁・落丁本はお取り替えします。